OFFICIUM MARIANUM
CARTUSIENSE

DAS MARIANISCHE OFFIZIUM
DER KARTÄUSER

OFFICIUM BEATÆ VIRGINIS MARIÆ

SECUNDUM USUM
ET MOREM

ORDINIS CARTUSIENSIS

IUXTA DIURNALE
CARTUSIENSE
A. D. MCMXXXVI
EDITUM

Privatim solum utenti
nova iam vero editio hæc
ab Ioanne Iacobo Cive curata

KISELECCÆ
ANNO DOMINI
MMXX

DAS OFFIZIUM DER SELIGEN JUNGFRAU MARIA

NACH DER VERWENDUNG UND DEM BRAUCH

DES KARTÄUSER-ORDENS

GEMÄSS DEM TAGZEITEN-BUCH
DER KARTÄUSER
IM JAHRE DES HERRN 1936
HERAUSGEGEBEN

Für den Privatgebrauch
wurde nun diese neue Ausgabe
von Hans Jakob Bürger besorgt

KISSLEGG
IM JAHRE DES HERRN
2020

Origo textus officii huius a Diurnali cartusiensi anno MCMXXXVI edito ducitur paginis 1-59; 67-73; XCV-XCVII. Quæ tamen annexæ sunt, inter parenthesibus [... textus ...] se habentur.

Versio psalmodiæ lingua theodisca ex libris Nocturnali & Diurnali bilinguibus reverendi domini Martini patris Arietis F. S. S. P. plerumque sumpta, cui multæ gratiæ de usus licentia.

Editio altera & emendata a. D. MMXX

Proprietatis ius anno MMXIX penes «fidei» seu «Fatimæ editoriæ» mediarum librariæ societatem restrictæ responsalitatis
Viæ principalis 22, 88353 Kiseleccæ
In reti vero internationali «fe-medien.de»

Involucri compositio ab Emmanuel *Kimmerle*

Internationalis modulus libri numeri
978-3-86357-218-1

Pressura apud *Pustet* Ratisbonæ

Impressum in Germania

Der Originaltext dieses Offiziums gemäß dem Diurnale cartusiense, herausgegeben im Jahre 1936, findet sich dort auf den Seiten 1-59; 67-73; XCV-XCVII. Zusätze sind mit eckigen Klammern gekennzeichnet [... Text ...].

Die deutsche Version für den Psalmengesang stammt weitestgehend aus dem zweisprachigen Nocturnale und Diurnale des hochwürdigen Herrn P. Martin *Ramm* FSSP, dem Dank für die Abdruckerlaubnis gebührt.

2., verbesserte Auflage 2020

Hauptstraße 22, 88353 Kißlegg
www.fe-medien.de

Umschlaggestaltung: Manuel Kimmerle

ISBN 978-3-86357-218-1

Druck: Pustet Regensburg

Printed in Germany

PROLOGUS EDITORIS

Editori atque «FE» librariæ prævidere non licuit, opus «Soli Deo», in quo et Officium marianum cartusiense habetur, tam multum petitum iri. Pluries rogatum est, horas liturgicas Dominæ nostræ singulo edere libello. Iterum librariæ rectores domno Bernardo Molinario agente prompti erant responsalitatis novi precum libelli cartusiensis huius. Hac de causa gratiæ decent magnæ respondentibus. Hoc primum, qui legit et dicit «Officium beatæ Virginis MARIÆ secundum usum et morem Ordinis cartusiensis» in editione latina theodiscaque, secum ferre potest. Libelli quidem curatio in traditione Ordinis cartusiensis facta est, de privato tamen diurnali agitur. Modo autem peculiari hic precum libellus dicatur «Brunonis congregationi precum cum Ordine cartusiensi» cunctisque cartusianorum amicis.

Velit Conceptio Immaculata, Mater IESU Christi, quæ mater singularis cartusianorum, suas benedictionis manus super precantes libelli huius extendere.

Die festo Immaculatæ Conceptionis octavo mensis Decembris anno Domini MMXVIII

Ioannes Iacobus Civis

De conductu editionis alterius emendatæ:
Sub tegimento beatæ Virginis, a cartusianis ut «mater singularis» invocatæ, omnes eius officium dicentes præsidium his turbinibus inveniant.

Soll.tate Dei Genetricis, die I a. D. MMXX I. I. C.

VORWORT DES HERAUSGEBERS

Es war für den Herausgeber und für den FE-Verlag nicht vorhersehbar, dass das Buch "Gott allein" mit dem darin enthaltenen Marianischen Offizium der Kartäuser so gefragt sein würde. Vielfach wurde die Bitte geäußert, die liturgischen Gebetszeiten der Muttergottes in einem eigenen Büchlein herauszubringen. Wiederum hat sich die Verlagsleitung unter Herrn Bernhard Müller bereit erklärt, die Verantwortung für dieses neue Kartäusergebetbuch zu übernehmen. Hierfür gebührt den Verantwortlichen großer Dank. Erstmals kann der Leser und Beter "Das Offizium der Seligen Jungfrau MARIA nach der Verwendung und dem Brauch des Kartäuser-Ordens" in einer lateinisch-deutschen Ausgabe mit sich führen. Die Buchbearbeitung erfolgte ganz in der Tradition des Kartäuserordens, doch handelt es sich um ein privates Tagzeitenbuch. In besonderer Weise ist dieses Gebetbuch der "Brunonis-Gebetsgemeinschaft mit dem Kartäuser-Orden" und allen Kartäuserfreunden gewidmet.

Möge die Unbefleckte Empfängnis, die Mutter JESU Christi, als einzigartige Mutter der Kartäuser, ihre segnenden Hände über den Betern dieses Buches ausbreiten.

Am Fest der Immaculata, am 8. Dezember 2018

Hans Jakob Bürger

Geleitwort zur 2., verbesserten Auflage:
Unter dem Schutzmantel der Seligen Jungfrau, von den Kartäusern als "einzigartige Mutter" verehrt, mögen alle Beter Zuflucht finden in den Stürmen der Zeit.
Hochfest der Gottesgebärerin, 1. 1. 2020 H. J. B.

INDEX

INHALTSVERZEICHNIS

Prænotandum

De sacræ scripturæ editione adhibita

Psalmi secundum Vulgatam editionem numerantur, i. e. inter psalmos 10um & 147um uno semper numero minus computatur textu Masoretico.

ABBREVIATIONES

Vide signa quoque specialia, p. 12.

a.	=	anni v. anno
a. D.	=	anno Domini
B. V. M.	=	Beata Virgo MARIA v. Beatæ Virginis MARIÆ
cfr.	=	conferatur
D.	=	Diaconus (v. sacerdos)
&	=	et
ex. gr.	=	exempli gratia
ib.	=	ibídem
i. e.	=	id est
L.	=	lector
N. N.	=	nomen nescio
s	=	sequens (sc. versus)
sc.	=	scílicet
t.	=	tonus
TEp	=	tono epistularum
TEv	=	tono evangeliorum
TL	=	tono lectionum
TO	=	tono orationum
℣.	=	Versiculus
℟.	=	Responsum
v.	=	vel / versus
vv.	=	versūs

Vorbemerkung

Zur Verwendung der Heiligen Schrift

Die Psalmenzählung folgt der Vulgata, d. h. der lateinischen Bibel, und ist zwischen Ps 10 & 147 jeweils um eins geringer als in der hebräischen.

ABKÜRZUNGEN

Siehe auch die Sonderzeichen, S. 13.

a.	=	anni *oder* anno = des Jahres *oder* im Jahre
a. D.	=	anno Dómini = im Jahre des Herrn
B. V. M.	=	Beáta Virgo MARÍA (v. -tæ -ginis MARÍÆ) [= (der) Selige(n) Jungfrau MARIA]
vgl.	=	vergleiche
D.	=	Diakon (oder Priester)
&	=	et = und
ex. gr.	=	exémpli grátia = zum Beispiel (z. B.)
ebd.	=	ebenda
d. h.	=	das heißt
L.	=	Leser
N. N.	=	nomen néscio = Name unbekannt
f	=	folgender (sc. Vers)
sc.	=	scílicet = nämlich
t.	=	Tonart (nur im lateinischen Text)
TEp	=	im Epistelton
TEv	=	im Evangelienton
TL	=	im Lektionston
TO	=	im Orationston
℣.	=	Versikel (Verslein)
℟.	=	Respónsum = Antwort
v.	=	vel = oder / bzw.
V.	=	Vers
VV.	=	Verse

SIGNA SPECIALIA

Dñe = Dómine
Dñi = Dómini
Dñm = Dóminum
Dño = Dómino
Dñs = Dóminus
ˣ...' = in textu citationis initium numero levato, finis vero virgula recta significatur

(.) = verbum unum omissum
[...] = adiunctus diurnali textus a. MCMXXXVI edito

Signa lectionum, orationum, capitulorum, epistularum evangeliorumque musica

Signum	Sensus signi
"	= indicatio critica
=	= forma breviata
ˀ	= circumflexum
:	= medium
.	= punctum
!	= punctum
?	= interrogativum (tono lectionum)
¿ ... ?	= interrogativum (tono epist. & evang.)
^	= finale

Pro psalmis, canticis, hymnis, lectionibus, orationibus, epistulis & evangeliis vide methodum cantandi in reti internationali:

https://brunonis.net/marianum/

SONDERZEICHEN

Dñe = Kürzel für Dómine [= (o) Herr!]
Dñi = Kürzel für Dómini [= (des) Herrn]
Dñm = Kürzel für Dóminum [= (den) Herrn]
Dño = Kürzel für Dómino [= (dem) Herrn]
Dñs = Kürzel für Dóminus [= (der) Herr]
ˣ...' = im Text wird der Zitationsbeginn mit hochgestellter Zahl, das Ende aber mit geradem Häkchen angezeigt
(.) = ein einziges Wort ist ausgelassen
[...] = Textzusatz gegenüber dem Diurnale des Jahres 1936

Singzeichen
für Lesungen, Orationen (Gebete), Kapitel (Abschnitte), Episteln und Evangelien (nur im lateinischen Text)

Zeichen || Bedeutung des Zeichens
" = entscheidender Anzeiger
= = verkürzte Figur
⁊ = Beuge
: = Wende
. = Endpunkt
! = Endpunkt
? = Frage (im Lektionston)
¿ ... ? = Frage (im Epistel- u. Evangelienton)
^ = Schluss

Für die Psalmen, Cantica (Lieder), Hymnen (Lobgesänge), Lesungen, Orationen (Gebete), Episteln [(Apostel-) Briefe] und Evangelien siehe die Singweise im Internet:

https://brunonis.net/marianum/

ORATIONES PRINCIPALES

Signum crucis – *stans*

([1]Mt 28,19b; [2]cfr. 1 Cor 14,16b; 2 Cor 1,20b)

✠ [1]In nómine Patris et Fílii et Spíritus Sancti. [2]Amen.

Doxologia trinitaria (cfr. Rom 11,36b; Philp 4,20)

– genuflectens cum venia vel se inclinans. Hic † accipimus veniam, cum nobis ex tempore genuflectendum est.

Glória Patri et Fílio * et Spirítui Sancto. †

Stans (cfr. Rom 16,27b; Gal 1,5; 1 Tim 1,17b; 2 Tim 4,18b; Heb 13,21b; 1 Pe 4,11c)

Sicut erat in princípio et nunc et semper * et in sǽcula sæculórum. Amen.

«Pater noster» seu oratio dominica

(Mt 6,9b-13)

PATER noster, qui es in cælis, sanctificétur nomen tuum; advéniat regnum tuum; fiat volúntas tua, sicut in cælo, et in terra. Panem nostrum cotidiánum da nobis hódie! Et dimítte nobis débita nostra! sicut et nos dimíttimus debitóribus nostris. Et ne nos indúcas in tentatiónem, sed líbera nos a malo! Amen.

«Ave, MARIA» seu salutatio angelica

Hic † accipimus veniam. ([1]Lc 1,28b.[2]42b)

AVE,[1] MARÍA, grátia plena! † Dóminus tecum; benedícta tu in muliéribus, [2]et benedíctus fructus ventris tui', IESUS.

Sancta MARÍA, Mater Dei, ora pro nobis peccatóribus, nunc et in hora mortis nostræ! Amen.

GRUNDGEBETE

Das Kreuzzeichen – *stehend*
([1]Mt 28,19b; [2]vgl. 1 Kor 14,16b; 2 Kor 1,20b)

✠ [1]Im Namen des Vaters und des Sohnes und des Heiligen Geistes. [2]Amen.

Lobpreis der Dreifaltigkeit (vgl. Römer 11,36b; Philipper 4,20)
– *kniend mit Veniam bzw. verneigt.*
Hier † nehmen wir Veniam, wenn nach der (liturgischen) Zeit zu knien ist.

Ehre sei dem Vater und dem Sohn(e) * und dem Heiligen Geist(e). †

Stehend (vgl. Röm 16,27b; Gal 1,5; 1 Tim 1,17b; 2 Tim 4,18b; Hebr 13,21b; 1 Petr 4,11c)

Wie (es war) im Anfang so auch jetzt und allezeit * und in Ewigkeit. Amen.

Das «Vater unser» oder das Gebet des Herrn
(Matthäus 6,9b-13)

VATER unser (, der Du bist) im Himmel, geheiligt werde Dein Name, Dein Reich komme, Dein Wille geschehe, wie im Himmel so auf Erden. Unser tägliches Brot gib uns heute. Und vergib uns unsere Schuld, wie auch wir vergeben unsern Schuldigern. Und führe uns nicht in Versuchung, sondern erlöse uns von dem Bösen. Amen.

Das «Ave, MARIA» oder der Englische Gruß
Hier † nehmen wir Veniam. ([1]Lukas 1,28b.[2]42b)

GEGRÜSSET[1] seist du, MARIA, voll der Gnade, † der Herr ist mit dir; du bist gebenedeit unter den Frauen, [2]und gebenedeit ist die Frucht deines Leibes', JESUS.

Heilige MARIA, Mutter Gottes, bitte für uns Sünder, jetzt und in der Stunde unseres Todes! Amen.

Ante & post orationem dicitur [TL v. ante TO sine ˀ]

— aut versiculus I (Ps 101,2)

℣. Dómine, exáudi oratiónem me̋am ˀ

℟. Et clamor meus ad te ve̋niat ˀ

— aut versiculus II

([1]Rt 2,4b; 2 Par 15,2c; [2]2 Tim 4,22b)

Cum plures una dicunt officium, qui præest, si est saltem ad diaconatum promotus, dicit:

D. [1]Dóminus vobi̋scum ˀ

℟. [2]Et cum spíritu tűo ˀ

Orationis — conclusio longior [TL v. TO]

(cfr. Io 14,13a; [1]cfr. Rom 15,30b; Ids 25b)

[1]Per (eúndem) Dóminum nostrum Iesum Christum' Fílium tűum ˀ qui tecum vivit et regnat in unitáte (eiúsdem) Spíritűs Sancti, Deus : per ómnia sǽcula sæculőrum ˀ [TO :]

— conclusio brevior

Per (eúndem) Christum Dóminum nőstrum ˀ

Acclamatio [TL] (Dt 27,15c)

℟. A̋men. [TO .]

Versiculus [TL v. post TO sine ˀ] (Ps 101,2)

℣. Dómine, exáudi oratiónem me̋am ˀ

℟. Et clamor meus ad te ve̋niat ˀ

(Vel: Dóminus vobi̋scum ˀ ... etc.)

Versiculus ([1]Idt 7,16b; [2]cfr. 2 Cor 9,15)

℣. [1]Benedicámus Dőmino ˀ

℟. [2]Deo gra̋tias ˀ

Pro mariano semper sequitur officio:

Versiculus pro animabus in purgatorio cruciatus patientibus ([1]cf. Ps 4,9c.[2]a; [3]Dt 27,15c)

℣. Animæ ómnium fidélium defunctórum per misericórdiam Dei [1]requiéscant [2]in pa̋ce ˀ

℟. [3]A̋men.

Vor & nach der Oration (d. h. dem Gebet) betet man
— entweder Versikel I (Psalm 101,2)

℣. Herr, erhöre mein Gebet!

℟. Und lass mein Rufen zu Dir kommen.

— oder Versikel II ([1]Ruth 2,4b; 2 Chronik 15,2c; [2]2 Timotheus 4,22b)

Wenn mehrere gemeinsam das Offizium beten, spricht der Vorbeter, sofern er mindestens die Diakonatsweihe erhalten hat:

D. [1]Der Herr (sei) mit euch.

℟. [2]Und mit deinem Geiste.

Des Gebetes — lange Schlussformel (vgl. Johannes 14,13a; [1]vgl. Römer 15,30b; Judas 25b)

[1]Durch (ihn,) unseren Herrn JESUS Christus', Deinen Sohn, der mit Dir lebt und regiert in der Einheit des Heiligen Geistes, Gott von Ewigkeit zu Ewigkeit.

— kurze Schlussformel

Durch (ihn,) Christus, unsern Herrn.

Zuruf (Deuteronomium 27,15c)

℟. Amen.

Versikel (Psalm 101,2)

℣. Herr, erhöre mein Gebet!

℟. Und lass mein Rufen zu Dir kommen.

(Bzw.: Der Herr sei mit euch ... usw.)

Versikel ([1]Judith 7,16b; [2]vgl. 2 Korinther 9,15)

℣. [1]Lasset uns preisen den Herrn.

℟. [2]Dank sei Gott.

Beim marianischen Offizium folgt immer:

Versikel für die im Fegefeuer leidenden Seelen (= die Armen Seelen) ([1]vgl. Ps 4,9c.[2]a; [3]Dtn 27,15c)

℣. Die Seelen aller verstorbenen Gläubigen mögen durch die Barmherzigkeit Gottes [1]ruhen [2]in Frieden.

R. [3]Amen.

Antiphona mariana «Salve, Regína» (beati Hermanni Contracti, † 1054) dicitur
([1]cfr. Gn 4,14b; [2]3,20; [3]Ps 83,7a; [4]Lc 1,42c)

— aut more cartusiano [t. 1]

Hic † accipimus veniam.

SALVE, Regína misericórdiæ! † vitæ dulcédo et spes nostra, salve! Ad te clamámus, [1]éxsules [2]fílii Evæ'. Ad te suspirámus, geméntes et flentes in hac [3]lacrimárum valle'. Eia ergo, advocáta nostra, illos tuos misericórdes óculos ad nos convérte! Et IESUM [4]benedíctum fructum ventris tui' nobis post hoc exsílium osténde benígnum! O clemens, o pia, o dulcis MARÍA!

— aut more romano

Hic † accipimus veniam.

SALVE, Regína, mater misericórdiæ! † vita, dulcédo et spes nostra, salve! Ad te clamámus, [1]éxsules [2]fílii Evæ'. Ad te suspirámus, geméntes et flentes in hac [3]lacrimárum valle'. Eia ergo, advocáta nostra, illos tuos misericórdes óculos ad nos convérte! Et IESUM [4]benedíctum fructum ventris tui' nobis post hoc exsílium osténde! O clemens, o pia, o dulcis Virgo MARÍA!

Die marian. Antiphon «Sei gegrüßt, o Königin» (vom sel. Hermann, dem Lahmen, † 1054) betet man ([1]vgl. Gen 4,14b; [2]3,20; [3]Ps 83,7a; [4]Lk 1,42c)

— entweder nach Kartäuserart

Hier † nehmen wir Veniam.

SEI gegrüßt, o Königin der Barmherzigkeit, † des Lebens Wonne und unsere Hoffnung, sei gegrüßt. Zu dir rufen wir [1]verbannte [2]Kinder Evas', zu dir seufzen wir trauernd und weinend in diesem [3]Tal der Tränen. Wohlan denn, unsere Fürsprecherin, wende deine barmherzigen Augen uns zu, und nach diesem Elend zeige uns JESUS, [4]die gebenedeite Frucht deines Leibes', als gnädigen (Heiland)! O gütige, o milde, o süße MARIA!

— oder nach römischer Weise

Hier † nehmen wir Veniam.

SEI gegrüßt, o Königin, Mutter der Barmherzigkeit, † unser Leben, unsere Wonne und unsere Hoffnung, sei gegrüßt. Zu dir rufen wir [1]verbannte [2]Kinder Evas, zu dir seufzen wir trauernd und weinend in diesem [3]Tal der Tränen'. Wohlan denn, unsere Fürsprecherin, wende deine barmherzigen Augen uns zu, und nach diesem Elend zeige uns JESUS, [4]die gebenedeite Frucht deines Leibes! O gütige, o milde, o süße Jungfrau MARIA!

DE CÆREMONIIS IN DICENDO OFFICIO MARIANO

Ad orationem in silentio, singularum officii horarum initio, semper genuflectimus, die vel tempore liturgico non spectato; quod et valet de antiphona mariana finali (Salve, Regína). Qua in oratione dicuntur designata (Pater &) Ave.

Ad Glória Patri (excluso Sicut erat) nos inclinamus. Itemque ad ultimam hymnorum stropham.

Ad primum vero Glória Patri initio singularum officii horarum genuflectimus, nisi dominica die vel festo atque tempore festivali (post Christi nativitatem vel eius resurrectionem).

Quæ de primo Glória Patri dicta sunt quoad genuflectendum vel se inclinandum, valent quoque de oratione finali et ceteris.

De ℣. & ℟. — versiculo & responso

Dicto versiculo caput modice inclinamus versus ad crucem.

Sacerdos & diaconus formula utuntur Dóminus vobíscum (loco Dómine, exáudi ...); solummodo, cum una dicunt cum clericis seu laicis.

Sanctissima IESU et MARIÆ nomina litteris maioribus scripta sunt; cum nomina hæc pronuntiantur vel audiuntur vel leguntur, caput modice inclinas, nisi genuflectaris vel iam inclinatus sis.

De venia

Veniam accipere vel sumere, est [de «venus, -eris f.»; «venia» secundum Ordinis traditionem duplici modo usitata:

1°) post defectum in choro ob neglegentiam sumpta;

DIE ZEREMONIEN BEIM BETEN DES MARIANISCHEN OFFIZIUMS

Die *oratio in silentio*/das Gebet in Stille zu Beginn jeder Tagzeit des Offiziums wird stets kniend verrichtet, egal auf welchen Tag oder in welche liturgische Zeit es fällt, ebenso die marianische Schluss-Antiphon (Salve, Regína). Man betet während dieser *oratio in silentio* die angegebenen (Pater und) Ave.

Zum Glória Patri/Ehre sei dem Vater (bis Sicut erat/Wie es war ausschließlich) verneigt man sich. Auch zur letzten Strophe bei den Hymnen.

Zum ersten Glória/Ehre am Beginn einer jeden Tagzeit des Offiziums jedoch kniet man nieder, wenn es kein Sonntag oder Fest ist und nicht in eine Festzeit (nach Christi Geburt – Weihnachten; bzw. seiner Auferstehung – Ostern) fällt.

Bezüglich des Kniens oder Sich-Verneigens gilt die Regel vom ersten Glória/Ehre auch für das Schlussgebet mit dem Anhang.

℣. und ℟. — Versikel und Antwort

Nach dem Vortrag des Versikels erfolgt eine kleine Kopfverneigung zum Kreuz.

Priester und Diakon verwenden jeweils die Formeln Dóminus vobíscum/Der Herr (sei) mit euch, (statt: Herr, erhöre ...) aber nur wenn sie gemeinsam mit Klerikern oder Laien beten.

Die heiligsten Namen JESU und MARIÄ stehen in Kapitälchenschrift: Wenn man diese Namen ausspricht, hört oder liest, macht man eine kleine Kopfverneigung, es sei denn, man kniet oder ist bereits verneigt.

"Veniam"

Veniam nehmen bedeutet [von lat. venia = Gefallen, Verzeihen, Willfährigkeit – nach der Ordenstradition in zweifacher Verwendung:

1.) nach einem Fehler im Chorgebet als Bitte um Nachsicht;

2°) peculiare humilitatis signum honorificandi causa quibusdam sacræ liturgiæ locis]: Flexis genibus terram vel aliud, ut chori formam, osculamur. (Christianus vero in mundo se inclinare potest et osculari crucem vel imaginem sacram vel rosarii nomisma.) Designatur quidem, si venia sumenda sit. Insuper semper initio post orationem in silentio) et fine singularum officii horarum sumenda, post antiphonam Salve, Regína, et quæ post eam dicenda sunt, antequam ad signum crucis faciendum relevetur (quod non iam designatur).

DE HORARUM TABULA
seu de dicendarum horarum apto tempore

Horæ variæ dici possunt iuxta tabulam hanc:

Matutinæ	– vigilia (i. e. hora nocturna), ex. gr. hora 0:00 vel ante Laudes
Laudes	– post consurrectionem matutin.
Prima	– hora 6:00
Tertia	– hora 9:00
Sexta	– hora 12:00
Nona	– hora 15:00
Vesperæ	– hora 18:00
Completorium	– ante cubitum.

Sequi tamen potes consuetudinem diurnæ tabulæ Ordini cartusiensi propriæ:

Pro MONACHIS CLAUSTRI (diebus ferialibus):

22:45 (23:45)	Matutinæ B. V. MARIÆ in cella
23:30 (00:30)	Matutinæ diei & Laudes (in eccl.)
02:00 (03:00)	Laudes B. V. MARIÆ in cella
06:00 (07:00)	Prima B. V. MARIÆ & Prima diei
06:30 (07:30)	«Angelus Domini»; meditatio
07:00 (08:00)	Adoratio
07:15 (08:15)	Missa conventualis; missæ lectæ

2.) als besonderer, demutsvoller Ehrenerweis bei bestimmten Stellen der hl. Liturgie]: Man kniet nieder und küsst den Boden bzw. das Betpult/die Kniebank (oder alternativ für Weltchristen: Man verneigt sich und küsst das Kreuz oder eine Ikone/die Medaille seines Rosenkranzes). Wann Veniam zu nehmen ist, wird jeweils angegeben. Zusätzlich wird sie am Beginn (nach der oratio in silentio/dem Stillgebet) und am Ende einer jeden Tagzeit des Offiziums nach dem Salve, Regína, und nach dem, was darauf folgt, genommen, bevor man sich zum Kreuzzeichen wieder erhebt (das wird nicht eigens angegeben).

STUNDENPLAN
oder die für die zu betenden Stunden passende Zeit

Man kann sich nach folgendem Plan richten:

Metten	– zur Nachtwache (d. h. zu nächtlicher Stunde), z. B. um 0:00 Uhr oder vor den Laudes
Laudes	– nach dem morgendlichen Aufstehen
Prim	– 6:00 Uhr
Terz	– 9:00 Uhr
Sext	– 12:00 Uhr
Non	– 15:00 Uhr
Vesper	– 18:00 Uhr
Komplet	– vor dem Zubett-Gehen.

Man kann aber auch dem Brauch des Tagesplanes folgen, der dem Kartäuser-Orden eigen ist:

Für die PRIESTERMÖNCHE (an Werktagen):

22:45 (23:45)	MARIEN-Metten in der Zelle
23:30 (00:30)	Tages-Matutin u. Laudes (Kirche)
02:00 (03:00)	MARIEN-Laudes in der Zelle
06:00 (07:00)	MARIEN-Prim und Tages-Prim
06:30 (07:30)	“Engel des Herrn”; Betrachtung
07:00 (08:00)	Anbetung
07:15 (08:15)	Konventmesse; Stillmessen

09:00 (10:00)	Tertia B. V. MARIÆ & Tertia diei
09:20 (10:20)	Studium
10:15 (11:15)	Labor manuum
11:00 (12:00)	Sexta B. V. MARIÆ & Sexta diei
12:00	«Angelus»
11:20 (12:20)	Prandiculum; recreatio
13:00 (14:00)	Nona B. V. MARIÆ & Nona diei
13:20 (14:20)	Studium
14:00 (15:00)	Labor manuum
14:45 (15:45)	Vesperæ B. V. MARIÆ
15:00 (16:00)	Vesperæ diei in ecclesia
15:30 (16:30)	Exercitia spiritalia
16:45 (17:45)	Cenaculum temp. æstatis; hieme vero collatio (i. e. potulentum & panis pauculus)
17:30 (18:30)	Examen conscientiæ – meditatio
18:00 (19:00)	«Angelus»; Completorium diei & Completorium B. V. MARIÆ

Pro FRATRIBUS LAICIS (diebus ferialibus):

23:30 (00:30)	Matutinæ diei in ecclesia
05:15 (06:15)	Prima B. V. MARIÆ & diei (cella)
06:00 (07:00)	Missa in sacello fratrum; «Angelus Domini»
07:00 (08:00)	Tertiæ B. V. MARIÆ & diei in cella
07:30 (08:30)	Initium laborum
11:00 (12:00)	Sexta B. V. MARIÆ & Sexta diei; prandiculum
12:00	«Angelus»
12:45 (13:45)	Adoratio in ecclesia
13:00 (14:00)	Nona B. V. MARIÆ & Nona diei
13:15 (14:15)	Initium laborum
16:45 (17:45)	Vesperæ B. V. MARIÆ & diei
17:00 (18:00)	Cenaculum
17:45 (18:45)	Adoratio in ecclesia
18:00 (19:00)	«Angelus»; Completorium diei & Completorium B. V. MARIÆ

(inter parentheses horæ indicantur tempore æstivali)

09:00 (10:00)	MARIEN-Terz und Tages-Terz
09:20 (10:20)	Studium
10:15 (11:15)	Handarbeit
11:00 (12:00)	MARIEN-Sext und Tages-Sext
12:00	“Engel des Herrn”
11:20 (12:20)	Mittagessen; Erholung
13:00 (14:00)	MARIEN-Non und Tages-Non
13:20 (14:20)	Studium
14:00 (15:00)	Handarbeit
14:45 (15:45)	MARIEN-Vesper
15:00 (16:00)	Tages-Vesper in der Kirche
15:30 (16:30)	Geistliche Übungen
16:45 (17:45)	Abendessen im Sommer; im Winter ein Imbiss (d. h. Getränk u. etwas Brot)
17:30 (18:30)	Gewissenserforschg. – Betrachtg.
18:00 (19:00)	“Engel des Herrn”; Tages-Komplet und MARIEN-Komplet

Für die LAIENBRÜDER (an Werktagen):

23:30 (00:30)	Tagesmetten in der Kirche
05:15 (06:15)	MARIEN-Prim u. vom Tag (Zelle)
06:00 (07:00)	Messe in der Brüderkapelle; “Engel des Herrn”
07:00 (08:00)	MARIEN-Terz u. vom Tag (Zelle)
07:30 (08:30)	Arbeitsbeginn
11:00 (12:00)	MARIEN-Sext und Tages-Sext; Mittagessen
12:00	“Engel des Herrn”
12:45 (13:45)	Anbetung in der Kirche
13:00 (14:00)	MARIEN-Non und Tages-Non
13:15 (14:15)	Arbeitsbeginn
16:45 (17:45)	MARIEN-Vesper und vom Tag
17:00 (18:00)	Abendessen
17:45 (18:45)	Anbetung in der Kirche
18:00 (19:00)	“Engel des Herrn”; Tageskomplet und MARIEN-Komplet

(Zeiten in Klammern = Sommerzeit)

AD MATUTINAS
(VIGILIIS)

Cotidie

Oratio in silentio ([1]Lc 1,28b.[2]42b)
Dicitur ter salutatio angelica *– genuflectens. Hic † accipimus veniam.*

AVE,[1] MARÍA, grátia plena! † Dóminus tecum; benedícta tu in muliéribus, [2]et benedíctus fructus ventris tui, IESUS.
Sancta MARÍA, Mater Dei, ora pro nobis peccatóribus, nunc et in hora mortis nostræ! Amen.

Signum crucis *– stans.*
([1]Mt 28,19b; [2]cfr. 1 Cor 14,16b; 2 Cor 1,20b)
✠ [1]In nómine Patris et Fílii et Spíritus Sancti. [2]Amen.

Versus initiales (Ps 50,17; 69,2)
℣. Dómine, lábia mea apéries.
℟. Et os meum annuntiábit laudem tuam.
℣. Deus, in adiutórium meum inténde!
℟. Dómine, ad adiuvándum me festína!

Doxologia trinitaria *– genuflectens cum venia vel se inclinans. Hic † accipimus veniam.*
Glória Patri et Fílio * et Spirítui Sancto. †
(cfr. Rom 11,36b; Philp 4,20)
Stans (cfr. Rom 16,27b; Gal 1,5; 1 Tim 1,17b; ...)
Sicut erat in princípio et nunc et semper * et in sǽcula sæculórum. Amen.

Iubilatio (Ps 104,1a; Apc 19,1b.3b.4c.6b)
Allelúia.

A completorio autem sabbati ante dom. Septuagesimæ inclusive usque ad Vesperas sabbati sancti exclusive ad omnes horas loco Allelúia dicitur
(cfr. 1 Tim 1,17a)
Laus tibi, Dómine, Rex ætérnæ glóriæ.

ZU DEN METTEN (IN DER NACHTWACHE)

Täglich

Gebet in Stille (¹Lukas 1,28b.²42b)
Man betet 3-mal den Englischen Gruß – *kniend.*
Hier † nehmen wir Veniam.

GEGRÜSSET[1] seist du, MARIA, voll der Gnade, † der Herr ist mit dir; du bist gebenedeit unter den Frauen, [2]und gebenedeit ist die Frucht deines Leibes', JESUS. Heilige MARIA, Mutter Gottes, bitte für uns Sünder, jetzt u. in der Stunde unseres Todes! Amen.

Das Kreuzzeichen – *stehend.*
(¹Mt 28,19b; ²vgl. 1 Kor 14,16b; 2 Kor 1,20b)

✠ [1]Im Namen des Vaters und des Sohnes und des Heiligen Geistes. [2]Amen.

Eröffnungsverse (Psalm 50,17; 69,2)

℣. Herr, Du wirst meine Lippen öffnen.

℟. Und mein Mund wird Dein Lob verkünden.

℣. O Gott, komm mir zu Hilfe!

℟. Herr, eile mir zu helfen!

Lobpreis der Dreifaltigkeit – *kniend mit Veniam bzw. verneigt. – Hier † nehmen wir Veniam.*

Ehre sei dem Vater und dem Sohn(e) * **und dem Heiligen Geist(e).** † (vgl. Röm 11,36b; ...)

Stehend (vgl. Röm 16,27b; Gal 1,5; 1 Tim 1,17b)

Wie (es war) im Anfang so auch jetzt und allezeit * und in Ewigkeit. Amen.

Jubelruf (Ps 104,1a; Offenbarung 19,1b.3b.4c.6b)

Alleluja.

Von der Komplet des Samstags vor dem Sonntag Septuagesima einschließl. bis zur Vesper des Karsamstags ausschließl. aber heißt es statt Alleluja:
(vgl. 1 Timotheus 1,17a)

Lob sei Dir, Herr, König der ewigen Herrlichkeit.

Invitatorium [*Venite* VIII, t. 7 v. *Venite* I, t. 6]
Hic † accipimus veniam. (Lc 1,28b)
«Ave, MARÍA, grátia plena! † Dóminus tecum».

Psalmus 94

(secundum versionem «veterem latinam»)

Invitatio ad laudem Dei

Adhortamini vosmetipsos per singulos dies! donec «hodie» cognominatur. (Heb 3,13a)

VENÍTE! exsultémus Dómino, iubilémus Deo salutári nostro, * [2] præoccupémus fáciem eius in confessióne, et in psalmis iubilémus ei.
«Ave, MARÍA, grátia plena! * Dóminus tecum».
[3] Quóniam Deus magnus Dóminus, et Rex magnus super omnes deos; * quóniam non repéllet Dóminus plebem suam; * [4] quia in manu eius sunt omnes fines terræ, et altitúdines móntium ipse cónspicit.
«Dóminus tecum».
[5] Quóniam ipsíus est mare, et ipse fecit illud, et áridam fundavérunt manus eius; * [6] veníte! adorémus, et procidámus ante Deum, * plorémus coram Dómino, qui fecit nos; * [7] quia ipse est Dóminus Deus noster, nos autem pópulus eius et oves páscuæ eius.

«Ave, MARÍA, grátia plena! * Dóminus tecum».
[8] Hódie, si vocem eius audiéritis, nolíte obduráre corda vestra! [9] sicut in exacerbatióne secúndum diem tentatiónis in desérto, * ubi tentavérunt me patres vestri, probavérunt, et

Einladungsruf

Hier † nehmen wir Veniam. (Lukas 1,28b)

«Gegrüßet seist du, MARIA, voll der Gnade. † Der Herr ist mit dir.»

Psalm 94

(nach der altlateinischen Version)

Einladung zum Lobe Gottes

Ermahnt euch einander jeden Tag, solange es noch «heute» heißt! (Hebräer 3,13a)

KOMMET, lasset uns dem Herrn frohlokken, Gott jubeln, unserm Retter, * lasset uns früh mit Lobpreis vor sein Angesicht treten und mit Psalmen ihm zujubeln.

«Gegrüßet seist du, MARIA, voll der Gnade; * der Herr ist mit dir.»

Denn ein großer Gott ist der Herr, und ein großer König über alle Götter; * denn nicht stößt zurück der Herr sein Volk; * denn in seiner Hand sind alle Grenzen der Erde, und der Berge Höhen schaut er selbst.

«Der Herr ist mit dir.»

Denn sein ist das Meer, und er hat es geschaffen, und das trockene Land haben seine Hände gegründet; * kommet, lasset uns anbeten und niederfallen vor Gott, * lasset uns weinen vor dem Herrn, der uns erschaffen hat; * denn er ist der Herr, unser Gott, wir aber sind sein Volk und die Schäflein seiner Weide.

«Gegrüßet seist du, MARIA, voll der Gnade; * der Herr ist mit dir.»

Heute, wenn ihr seine Stimme hört, verhärtet eure Herzen nicht! wie bei der Erbitterung am Tage der Versuchung in der Wüste, * wo mich eure Väter versuchten, mich

vidérunt ópera mea.

«Dóminus tecum».
10 Quadragínta annis próximus fui generatió-
ni huic, et dixi: «Semper hi errant corde; *
11 ipsi vero non cognovérunt vias meas, qui-
bus iurávi in ira mea: ‹Si introíbunt in réqui-
em meam›».

«Ave, MARÍA, grátia plena! * Dóminus tecum».
Glória Patri et Fílio et Spirítui Sancto; * sicut erat in princípio et nunc et semper et in sǽcula sæculórum. Amen.

«Dóminus tecum».
«Ave, MARÍA, grátia plena! * Dóminus tecum».

Hymnus [t. 7] (auctoris N. N.)
(cfr. Eph 5,19; Col 3,16; [1]Eph 5,32; [2]cfr. Io 1,1s; [3]Is 7,14b; [4]Io 1,3a; 1 Cor 8,6b; Col 1,16c)

Hymnus

[1]MYSTÉRIUM Ecclésiæ',
hymnum Christo reférimus,
quem génuit Puérpera,
[2]Verbum Patris in Fílium.

Sola in sexu fémina
elécta es in sǽculo,
et meruísti Dóminum
sancto portáre in útero.

Vates antíqui témporis
prædíxerant, quod factum est:

auf die Probe stellten, und doch hatten sie meine Werke gesehen.
«Der Herr ist mit dir.»
Vierzig Jahre war ich diesem Geschlechte nahe und sprach: «Stets irren sie im Herzen; * sie aber haben meine Wege nicht erkannt, denen ich in meinem Zorne schwur: ‹Wahrlich, nicht sollen sie in meine Ruhe gelangen.›»
«Gegrüßet seist du, MARIA, voll der Gnade; * der Herr ist mit dir.»
Ehre sei dem Vater und dem Sohn(e) * und dem Heiligen Geist(e); * wie (es war) im Anfang so auch jetzt und allezeit und in Ewigkeit. Amen.
«Der Herr ist mit dir.»
«Gegrüßet seist du, MARIA, voll der Gnade; * der Herr ist mit dir.»

Hymnus (= Lobgesang – dt.: P. N. N. O. Cart.)
(vgl. Epheser 5,19; Kolosser 3,16;
[1]Epheser 5,32; [2]Isaias/Jesaja 7,14b;
[3]Joh 1,2.[4]3a; 1 Kor 8,6b; Kol 1,16c)

Hymnus

DER Hymnus vom [1]Mysterium
der Kirche' klingt zu Christi Ruhm.
[2]Als Sohn die Jungfrau ihn gebar,
[3]der Gottes Wort im Anfang war.

Der Herr vor allen Frauen dich
von Ewigkeit erwählte sich;
MARIA, würdig du allein,
zu tragen Ihn im heil'gen Schrein.

Was Seherblick in grauer Zeit
vorausgeschaut, erfüllt sich heut':

quia [3]Virgo concíperet,
et páreret Emmánuel.

[1]Mystérium hoc magnum est',
MARÍÆ quod concéssum est,
ut Deum, [4]per quem ómnia',
ex se prodíre cérneret.

Glória tibi, Dómine,
glória Unigénito,
una cum Sancto Spíritu
in sempitérna sǽcula. Amen.

Psalmodia

Dominica & feriis II & V, ut infra
Feriis III & VI, vide p. 40
Feria IV & sabbato, vide p. 48

Dominica et feriis II et V

Sola antiphona [t. 4-tr^{-2}] (Lc 1,28c.42b)
«Benedícta tu * [in muliéribus, et benedíctus fructus ventris tui».]

Psalmus 8

Maiestas Domini
et dignitas hominis

Et omnia subiecit sub pedibus eius, et ipsum dedit caput supra omnem ecclesiam. (Eph 1,22)

DÓMINE, Dóminus noster, * quam admirábile est nomen tuum in univérsa terra!
2b Quóniam eleváta est magnificéntia tua * super cælos.
3 Ex ore infántium et lacténtium perfecísti laudem propter inimícos tuos, * ut déstruas inimícum et ultórem.

4 Quóniam vidébo cælos tuos, ópera digitórum tuórum, * lunam et stellas, quæ tu fun-

2Empfangen und geboren ist
von einer Jungfrau JESUS Christ.

Für ein Geheimnis fassungslos
erlesen ward MARIENS Schoß,
aus dem hervor der Schöpfer trat,
4der alles schuf nach ew'gem Rat.

Lob Dir, o Herr, auf höchstem Thron
und Deinem eingebor'nen Sohn
mitsamt dem Geist der Heiligkeit
jetzt und in alle Ewigkeit. Amen.

Psalmengesang

Am Sonntag, Montag und Donnerstag, wie unten
Am Dienstag und Freitag, siehe S. 41
Am Mittwoch und Samstag, siehe S. 49

Am Sonntag, Montag und Donnerstag

Einzige Antiphon (Lukas 1,28c. 42b)
«Du bist gebenedeit * [unter den Frauen, und gebenedeit ist die Frucht deines Leibes.»]

Psalm 8

Die Hoheit des Herrn
und die Würde des Menschen

Und alles hat Er ihm zu Füßen gelegt und ihn als Haupt über die gesamte Kirche gegeben. (Epheser 1,22)

HERR, unser Herr, * wie wunderbar ist Dein Name auf der ganzen Erde!
Denn erhöht ist Deine Herrlichkeit * über die Himmel.
Aus dem Mund der Kinder und Säuglinge hast Du Dir Lob bereitet um Deiner Feinde willen, * um den Feind und den Rächer zugrunde zu richten.
Denn ich schaue Deine Himmel, die Werke Deiner Finger, * den Mond und die Sterne,

dásti.
5 Quid est homo, quod memor es eius, * aut fí-
lius hóminis, quóniam vísitas eum?

6 Minuísti eum paulo minus ab Angelis, * gló-
ria et honóre coronásti eum, * 7 et constituísti
eum super ópera mánuum tuárum.

8 Omnia subiecísti sub pédibus eius, * oves et
boves univérsas, * ínsuper et pécora campi.

9 Vólucres cæli & pisces maris, * qui perámbu-
lant sémitas maris.

10 Dómine, Dóminus noster, * quam admirá-
bile est nomen tuum in univérsa terra!

In fine omnium psalmorum necnon canticorum, nisi aliter notetur, semper dicitur
– se inclinans:

Glória Patri et Fílio * et Spirítui Sancto.

– stans:

Sicut erat in princípio et nunc et semper * et in sǽcula sæculórum. Amen.

Psalmus 18

Laus Domini rerum conditoris

«Visitavit nos oriens ex alto ... ad dirigendos pedes nostros in viam pacis». (Lc 1,78b.79b)

CÆLI enárrant glóriam Dei, * et ópera má-
nuum eius annúntiat firmaméntum.

3 Dies diéi erúctat verbum, * et nox nocti índi-
cat sciéntiam.

4 Non sunt loquélæ neque sermónes, * quo-
rum non audiántur voces eórum.

die Du geschaffen.

Was ist da der Mensch, dass Du seiner gedenkst, * oder des Menschen Sohn, dass Du ihn heimsuchst?

Du hast ihn nur wenig unter die Engel erniedrigt, * mit Ruhm und Ehre ihn gekrönt,* und ihn eingesetzt über die Werke Deiner Hände.

Alles hast Du unterworfen unter seine Füße, * alle Schafe und Rinder, * auch die Tiere des Feldes.

Die Vögel des Himmels und die Fische des Meeres, * die dahinziehen auf den Pfaden des Meeres.

Herr, unser Herr, * wie wunderbar ist Dein Name auf der ganzen Erde!

Am Ende jedes Psalms und Canticums (Liedes) wird, falls nicht anders angegeben, immer gebetet – *verneigt:*

Ehre sei dem Vater und dem Sohn(**e**) * **und dem Heiligen Geist**(**e**). – *stehend:*

Wie (es war) im Anfang so auch jetzt und allezeit * und in Ewigkeit. Amen.

Psalm 18

Lob des Herrn der Schöpfung

«Heimgesucht hat uns der Aufgang aus der Höhe ..., um unsere Füße auf den Weg des Friedens zu leiten.» (Lukas 1,78f)

DIE Himmel erzählen die Herrlichkeit Gottes, * und die Werke seiner Hände verkündet das Firmament.

Ein Tag bringt dem anderen das Wort hervor, * und eine Nacht verkündet der anderen Erkenntnis.

Es sind nicht Sprachen und nicht Reden, * deren Stimmen nicht gehört werden.

5 In omnem terram exívit sonus eórum, * et
in fines orbis terræ verba eórum.
6a In sole pósuit tabernáculum suum, * et ipse
tamquam sponsus procédens de thálamo
suo.
6b Exsultávit ut gigas ad curréndam viam; * 7a a
summo cælo egréssio eius.

7b Et occúrsus eius usque ad summum eius; *
nec est, qui se abscóndat a calóre eius.

8 Lex Dñi immaculáta, convértens ánimas; *
testimónium Dómini fidéle, sapiéntiam præ-
stans párvulis.
9 Iustítiæ Dómini rectæ, lætificántes corda; *
præcéptum Dómini lúcidum, illúminans ócu-
los.
10 Timor Dñi sanctus, pérmanens in sǽculum
sǽculi; * iudícia Dómini vera, iustificáta in se-
metípsa.
11 Desiderabília super aurum & lápidem preti-
ósum multum * & dulcióra super mel & favum.
12 Etenim servus tuus custódit ea; * in custo-
diéndis illis retribútio multa.
13 Delícta quis intéllegit? * ab occúltis meis
munda me! * 14a et ab aliénis parce servo tuo!

14b Si mei non fúerint domináti, tunc imma-
culátus ero, * et emundábor a delícto máxi-
mo.
15a Et erunt, ut compláceant elóquia oris mei, *
& meditátio cordis mei in conspéctu tuo sem-
per.

15b Dñe, adiútor meus * et redémptor meus.

In alle Welt hinaus ging ihr Ruf * und bis an die Grenzen des Erdkreises ihre Worte.

Im Sonnenball hat er sein Zelt errichtet, * und er ist wie ein Bräutigam, der hervortritt aus seinem Gemach.

Er frohlockte wie ein Riese, seine Bahn zu ziehen; * vom höchsten Himmel ist sein Ausgang.

Und seine Rückkehr bis zu dessen Höchstem, * und nichts ist, das sich verbergen kann vor seiner Glut.

Das Gesetz des Herrn ist makellos, Seelen bekehrend; * das Zeugnis des Herrn ist zuverlässig, Weisheit gewährend den Kleinen.

Die Satzungen des Herrn sind richtig, die Herzen erfreuend, * das Gebot des Herrn ist hell, die Augen erleuchtend.

Die Furcht des Herrn ist heilig, dauernd in alle Ewigkeit, * die Urteile des Herrn sind wahr, gerechtfertigt in sich selber.

Begehrenswerter als Gold und viel Edelstein * und süßer als Honig und Wabe.

In der Tat bewahrt sie Dein Knecht, * in ihrer Befolgung liegt reiche Vergeltung.

Wer erkennt die Vergehen? * von meinen verborgenen reinige mich * und von fremden verschone Deinen Knecht!

Wenn sie nicht über mich herrschen, dann werde ich makellos sein, * und ich werde gereinigt von größter Sünde.

Und die Aussprüche meines Mundes werden so sein, dass sie Dir wohlgefallen, * und das Sinnen meines Herzens ist immer vor Deinem Angesicht.

Herr, Du bist mein Helfer * und mein Erlöser.

Glória Patri ...

Psalmus 23

Domini in templum adventus

Christo apertæ sunt portæ cæli propter carnalem eius assumptionem. (S. Irenæus Lugdunensis)

DÓMINI est terra & plenitúdo eius, * orbis terrárum et univérsi, qui hábitant in eo.
2 Quia ipse super mária fundávit eum, * et super flúmina præparávit eum.
3 Quis ascéndet in montem Dñi? * aut quis stabit in loco sancto eius?

4 Innocens mánibus et mundo corde, * qui non accépit in vano ánimam suam, * nec iurávit in dolo próximo suo.

5 Hic accípiet benedictiónem a Dómino, * et misericórdiam a Deo salutári suo.
6 Hæc est generátio quæréntium eum, * quæréntium fáciem Dei Iacob.

7 Attóllite portas, príncipes, vestras! * et elevámini, portæ æternáles! * et introíbit Rex glóriæ.
8 Quis est iste Rex glóriæ? * Dóminus fortis et potens, * Dóminus potens in prœlio.

9 Attóllite portas, príncipes, vestras! * et elevámini, portæ æternáles! * et introíbit Rex glóriæ.
10 Quis est iste Rex glóriæ? * Dóminus virtútum ipse est Rex glóriæ.

Glória Patri ...

Ehre sei dem Vater …

Psalm 23

Des Herrn Einzug in den Tempel

Für Christus wurden geöffnet die Tore des Himmels wegen seiner Fleischesannahme. (Hl. Irenäus von Lyon)

DES HERRN ist die Erde u. ihre Fülle, * der Erdkreis und alle, die darauf wohnen.

Denn er hat ihn auf Meere gegründet * und über Flüssen ihn bereitet.

Wer wird hinaufsteigen auf den Berg des Herrn, * oder wer wird stehen an seinem heiligen Ort?

Wer unschuldig an Händen und rein von Herzen ist, * wer seine Seele nicht vergeblich empfing * und nicht trügerisch seinem Nächsten geschworen hat.

Der wird Segen empfangen vom Herrn * und Barmherzigkeit von Gott, seinem Heiland.

Dies ist das Geschlecht derer, die ihn suchen, * die suchen das Angesicht des Gottes Jakobs.

Richtet auf, ihr Fürsten, eure Tore, * und hebt euch, ihr ewigen Tore! * und eintreten wird der König der Herrlichkeit.

Wer ist dieser König der Herrlichkeit? * der Herr, stark und mächtig, * der Herr, mächtig im Kampf.

Richtet auf, ihr Fürsten, eure Tore, * und hebt euch, ihr ewigen Tore! * und eintreten wird der König der Herrlichkeit.

Wer ist dieser König der Herrlichkeit? * der Herr der Heerscharen, er ist der König der Herrlichkeit.

Ehre sei dem Vater …

Antiphona (Lc 1,28c.42b)
«Benedícta tu * in muliéribus, et benedíctus fructus ventris tui».

Versiculus (Ps 44,3b)
℣. Diffúsa est grátia in lábiis tuis.
℟. Proptérea benedíxit te Deus in ætérnum.

Cetera vide p. 54

Feriis III et VI

Sola antiphona [t. 7-4] (Ps 86,5b)
«Homo * [natus est in ea, et ipse fundávit eam Altíssimus».]

Psalmus 44

Regis nuptiæ

«Ecce sponsus venit; exite obviam ei!» (Mt 25,6b)

ERUCTÁVIT cor meum verbum bonum; * dico ego ópera mea Regi.

Lingua mea cálamus scribæ * velóciter scribéntis.
3 Speciósus forma præ fíliis hóminum, * diffúsa est grátia in lábiis tuis; * proptérea benedíxit te Deus in ætérnum.

4 Accíngere gládio tuo * super femur tuum, potentíssime.
5a Spécie tua et pulchritúdine tua inténde! * próspere procéde! et regna!

5b Propter veritátem et mansuetúdinem et iustítiam; * et dedúcet te mirabíliter déxtera tua.
6 Sagíttæ tuæ acútæ * – pópuli sub te cadent

Antiphon (Lukas 1,28c.42b)

Du bist gebenedeit unter den Frauen, * und gebenedeit ist die Frucht deines Leibes.

Versikel (Psalm 44,3b)

℣. Anmut ist ausgegossen über deine Lippen.
℟. Darum hat Gott dich für immer gesegnet.

Das Weitere siehe S. 55

Am Dienstag und Freitag

Einzige Antiphon (Psalm 86,5b)

«Der Mensch * [wurde in ihr geboren; der Höchste selbst hat sie gegründet.»]

Psalm 44

Hochzeit des Königs

«Sehet, der Bräutigam kommt; geht heraus ihm entgegen!» (Matthäus 25,6b)

ES entströmt meinem Herzen ein gutes Wort, * ich weihe meine Werke dem König.

Meine Zunge gleicht dem Rohr des Schreibers, * der flink schreibt.

Schön von Gestalt bist Du vor den Menschenkindern, * ausgegossen ist Anmut auf Deine Lippen, * deshalb hat Gott Dich gesegnet in Ewigkeit.

Gürte Dein Schwert * um Deine Hüfte, Allmächtiger!

In Deiner Anmut und Deiner Schönheit * merke auf, tritt glücklich hervor und herrsche!

Um der Wahrheit und Sanftmut und Gerechtigkeit willen, * und wunderbar führen wird Dich Deine Rechte.

Deine Pfeile sind scharf * – Völker fallen un-

– in corda inimicórum Regis.

7 Sedes tua, Deus, in sǽculum sǽculi; * virga
directiónis virga regni tui.

8 Dilexísti iustítiam, et odísti iniquitátem; *
proptérea unxit te, Deus, Deus tuus óleo læ-
títiæ præ consórtibus tuis.

9 Myrrha et gutta et cásia a vestiméntis tuis, a
dómibus ebúrneis; * ex quibus delectavérunt
te 10a fíliæ regum in honóre tuo.

10b Astitit regína a dextris tuis in vestítu deau-
ráto, * circúmdata varietáte.

11 Audi, fília! et vide! et inclína aurem tuam! *
et oblivíscere pópulum tuum et domum pa-
tris tui!
12 Et concupíscet Rex decórem tuum, * quóni-
am ipse est Dóminus Deus tuus; et adorá-
bunt eum.
13 Et fíliæ Tyri in munéribus vultum tuum de-
precabúntur, * omnes dívites plebis.

14 Omnis glória eius fíliæ Regis ab intus, * in
fímbriis áureis, 15a circumamícta varietátibus.

15b Adducéntur Regi vírgines; * post eam pró-
ximæ eius afferéntur tibi.
16 Afferéntur in lætítia et exsultatióne, * addu-
céntur in templum Regis.

17 Pro pátribus tuis nati sunt tibi fílii; * constí-
tues eos príncipes super omnem terram.

ter Dir –, sie dringen in die Herzen der Feinde des Königs.
Dein Thron, Gott, steht immer und ewig, * ein Herrscherstab ist das Zepter Deines Reiches.
Du liebtest Gerechtigkeit und hasstest das Unrecht; * deshalb hat Dich, Gott, Dein Gott gesalbt mit Freudenöl vor allen Deinen Gefährten.
Myrrhe und Myrrhenöl und Kassia (duften) von Deinen Gewändern, von elfenbeinernen Häusern, * aus denen Dich Töchter von Königen erfreut haben zu Deiner Ehre.
Es steht zu Deiner Rechten die Königin in golddurchwirktem Gewand, * umhüllt mit bunten Kleidern.
Höre, Tochter, und sieh, und neige dein Ohr * und vergiss dein Volk und das Haus deines Vaters!
Denn der König verlangt nach deiner Schönheit, * denn er ist der Herr, dein Gott, und man wird ihn anbeten.
Und die Töchter von Tyrus mit Geschenken werden dein Angesicht anflehen, * alle Reichen des Volkes.
Alle Herrlichkeit kommt der Tochter des Königs von innen; * sie ist in bunte Gewänder mit goldenen Fransen gehüllt.
Jungfrauen führt man zum König, * nach ihr wird ihr Gefolge zu Dir gebracht.
Sie werden herbeigebracht unter Freude und Jubel, * hineingeführt in den Tempel des Königs.
Anstatt deiner Väter sind dir Söhne geboren, * du wirst sie einsetzen als Fürsten über

18a Mémores erunt nóminis tui * in omni ge-
neratióne et generatiónem.
18b Propterea pópuli confitebúntur tibi in æ-
térnum * et in sǽculum sǽculi.
Glória Patri ...

Psalmus 45

Deus refugium et virtus (v. 2a)

«Vocabunt nomen eius Emmanuel, quod est interpretatum "Nobiscum Deus"». (Mt 1,23b)

DEUS noster refúgium et virtus; * adiútor in tribulatiónibus, quæ invenérunt nos nimis.
3 Propterea non timébimus, dum turbábitur
terra, * et transferéntur montes in cor maris.

4 Sonuérunt, et turbátæ sunt aquæ eórum; *
conturbáti sunt montes in fortitúdine eius.
5 Flúminis ímpetus lætíficat civitátem Dei; *
sanctificávit tabernáculum suum Altíssimus.
6 Deus in médio eius, non commovébitur; *
adiuvábit eam Deus mane dilúculo.
7 Conturbátæ sunt gentes, et inclináta sunt
regna; * dedit vocem suam, mota est terra.

8 Dóminus virtútum nobíscum; * suscéptor
noster Deus Iacob.
9 Veníte! et vidéte ópera Dómini! quæ pósuit
prodígia super terram, * 10a áuferens bella us-
que ad finem terræ.

10b Arcum cónteret, et confrínget arma, * et
scuta combúret igni.

die ganze Erde.
Sie werden deines Namens gedenken * von Geschlecht zu Geschlecht.
Darum werden die Völker dich preisen auf ewig * und in alle Ewigkeit.
Ehre sei dem Vater ...

Psalm 45

Gott ist Zuflucht und Stärke (V. 2a)

«Sie werden seinen Namen Emmanuel nennen, was verdolmetscht heißt: "Gott mit uns".» (Matthäus 1,23b)

UNSER Gott ist Zuflucht und Stärke, * ein Helfer in Drangsalen, die uns hart getroffen.
Deshalb fürchten wir uns nicht, wenn auch die Erde bebt * und Berge versetzt werden ins Herz des Meeres.
Es tosten und wallten auf ihre Wasser, * die Berge erbebten durch seine Macht.
Des Flusses Strom erfreut die Gottesstadt, * der Allerhöchste hat sein Zelt geheiligt.
Gott ist in ihrer Mitte, sie wird nicht wanken, * helfen wird ihr Gott früh am Morgen.
Erschüttert wurden Völker und Königreiche gebeugt; * er ließ seine Stimme erschallen, da bebte die Erde.
Der Herr der Heerscharen ist mit uns, * unser Schutzherr ist der Gott Jakobs.
Kommt und schaut die Werke des Herrn, welche Wunder er auf Erden gewirkt hat! * der hinwegnimmt die Kriege bis ans Ende der Erde.
Den Bogen zerbricht er und zerschlägt die Waffen, * und die Schilde verbrennt er im Feuer.

11 «Vacáte! et vidéte! quóniam ego sum De-
us; * exaltábor in géntibus, et exaltábor in
terra».
12 Dóminus virtútum nobíscum; * suscéptor
noster Deus Iacob.
Glória Patri ...

Psalmus 86

Ierusalem omnium gentium mater

Illa autem, quæ sursum est Ierusalem, libera est, quæ est mater nostra. (Gal 4,26)

FUNDAMÉNTA eius in móntibus sanc-
tis; * 2 díligit Dóminus portas Sion super
ómnia tabernácula Iacob.
3 Gloriósa dicta sunt de te, * cívitas Dei.
4a Memor ero Rahab et Babylónis, * sciéntium
me.
4b Ecce alienígenæ et Tyrus et pópulus Æthío-
pum, * hi fuérunt illic.
5 Numquid Sion dicet: * «Homo et homo na-
tus est in ea, * et ipse fundávit eam Altíssi-
mus»?
6 Dóminus narrábit in scriptúris populórum
et príncipum, * horum, qui fuérunt in ea.

7 Sicut lætántium ómnium * habitátio est in
te.
Glória Patri ...

Antiphona (Ps 86,5b)
«Homo * natus est in ea, et ipse fundávit eam Altíssimus».

Versiculus (Ps 44,5a)
℣. Spécie tua et pulchritúdine tua.
℟. Inténde! próspere procéde! et regna!

Cetera vide p. 54

Haltet inne und schaut! denn ich bin Gott; * ich werde erhöht bei den Völkern, und ich werde erhöht auf der Erde.
Der Herr der Heerscharen ist mit uns, * unser Beistand ist der Gott Jakobs.
Ehre sei dem Vater …

Psalm 86

Jerusalem, die Mutter aller Völker

Jenes Jerusalem von oben aber ist die Freie, welche unsere Mutter ist. (Galater 4,26)

SEINE Fundamente sind auf heiligen Bergen, * es liebt der Herr die Tore Sions mehr als alle Zelte Jakobs.
Herrliches sagt man von Dir, * Stadt Gottes.
Ich werde an Rahab und Babylon denken, * die mich kennen.
Siehe, Fremdstämmige und der Tyrier und Äthiopiervolk, * sie waren dort.
Wird nicht Sion sagen: «Mensch um Mensch ist darin geboren, * und er selbst hat es gegründet, der Allerhöchste»?
Der Herr wird es erzählen in den Urkunden der Völker und Fürsten, * derer, die darin waren.
Wie von lauter Frohlockenden * ist das Wohnen in dir.
Ehre sei dem Vater …

Antiphon (Psalm 86,5b)
«Der Mensch * wurde in ihr geboren; der Höchste selbst hat sie gegründet.»

Versikel (Psalm 44,5a)
℣. In deiner Anmut und deiner Schönheit.
℟. Merke auf, tritt glücklich hervor und herrsche!

Das Weitere siehe S. 55

Feria IV et sabbato

Sola antiphona [t. 4-tr-2] (Ct 2,6)
Læva eius * [sub cápite meo, et déxtera illíus amplexábitur me.]

Psalmus 95

Dominus Rex et Iudex omnis terræ

Et cantabant quasi canticum novum ante sedem [in conspectu Agni]. (Apc 14,3)

CANTÁTE Dómino cánticum novum! * cantáte Dómino, omnis terra!
2 Cantáte Dómino! et benedícite nómini eius! * annuntiáte de die in diem salutáre eius!
3 Annuntiáte inter gentes glóriam eius, * in ómnibus pópulis mirabília eius!
4 Quóniam magnus Dóminus et laudábilis nimis; * terríbilis est super omnes deos.
5 Quóniam omnes dii géntium dæmónia; * Dóminus autem cælos fecit.
6 Conféssio et pulchritúdo in conspéctu eius, * sanctimónia et magnificéntia in sanctificatióne eius.
7 Afférte Dómino, pátriæ géntium! * afférte Dómino glóriam et honórem! *
8a afférte Dómino glóriam nómini eius!
8b Tóllite hóstias! et introíte in átria eius! *
9a adoráte Dóminum in átrio sancto eius!

9b Commoveátur a fácie eius univérsa terra; *
10a dícite in géntibus: «quia Dóminus regnávit»!
10b Etenim corréxit orbem terræ, qui non commovébitur; * iudicábit pópulos in æquitáte.

Am Mittwoch und Samstag

Einzige Antiphon (Lied d. Lieder/Hoheslied 2,6)

Seine Linke * [ruht unter meinem Haupt und seine Rechte umfängt mich.]

Psalm 95

Der Herr, König und Richter aller Welt

Und sie sangen wie ein neues Lied vor dem Throne [im Angesicht des Lammes]. (Offenbarung 14,3)

SINGT dem Herrn ein neues Lied, * singt dem Herrn, alle Lande!

Singt dem Herrn und preist seinen Namen, * verkündet von Tag zu Tag sein Heil!

Verkündet unter den Heiden seine Herrlichkeit, * in allen Völkern seine Wundertaten!

Denn groß ist der Herr und überaus lobwürdig, * furchtbar ist er über alle Götter.

Denn alle Götter der Heiden sind Dämonen, * der Herr aber hat die Himmel gemacht.

Lobpreis und Schönheit sind vor seinem Angesicht, * Heiligkeit und Hoheit sind in seinem Heiligtum.

Bringt dem Herrn, ihr Länder der Heiden, bringt dem Herrn Ruhm und Ehre, * bringt dem Herrn den Ruhm seines Namens.

Nehmt Opfergaben und tretet ein in seine Höfe, * betet an den Herrn in seinem heiligen Hof.

Erbeben vor seinem Angesicht soll die ganze Erde, * sagt bei den Heiden: «Der Herr hat die Königsherrschaft erlangt.»

Denn er hat den Erdkreis ausgerichtet, der nicht wanken wird, * er wird richten die Völker in Gerechtigkeit.

11 Lætántur cæli, et exsúltet terra; * commo-
veátur mare et plenitúdo eius; * 12a gaudébunt
campi et ómnia, quæ in eis sunt.

12b Tunc exsultábunt ómnia ligna silvárum
13a a fácie Dómini, quia venit, * quóniam venit
iudicáre terram.
13b Iudicábit orbem terræ in æquitáte * et pó-
pulos in veritáte sua.
Glória Patri ...

Psalmus 96

Gloria Domini in iudicio

Hic psalmus salutem mundi significat et fidem omnium gentium. (S. Athanasius)

DÓMINUS regnávit, exsúltet terra; * lætétur ínsulæ multæ.

2 Nubes et calígo in circúitu eius, * iustítia et
iudícium corréctio sedis eius.

3 Ignis ante ipsum præcédet, * et inflammábit
in circúitu inimícos eius.
4 Illuxérunt fúlgura eius orbi terræ; * vidit, et
commóta est terra.
5 Montes sicut cera fluxérunt a fácie Dómi-
ni, * a fácie Dómini omnis terra.

6 Annuntiavérunt cæli iustítiam eius; * et vi-
dérunt omnes pópuli glóriam eius.

7a Confundántur omnes, qui adórant sculptí-
lia, * et qui gloriántur in simulácris suis.

7b Adoráte eum, omnes Angeli eius! * 8a audí-
vit et lætáta est Sion.

Es sollen sich freuen die Himmel, und es frohlocke die Erde, * erbeben soll das Meer und seine Fülle, * es sollen sich freuen die Felder und alles, was auf ihnen ist.

Dann werden jauchzen alle Bäume der Wälder vor des Herrn Antlitz, weil er kommt, * denn er kommt, die Erde zu richten.

Er wird den Erdkreis richten in Gerechtigkeit * und die Völker in seiner Wahrheit.

Ehre sei dem Vater ...

Psalm 96

Die Herrlichkeit des Herrn im Gericht

Dieser Psalm bezeichnet das Heil der Welt und den Glauben aller Heidenvölker. (Hl. Athanasius)

DER HERR hat das Königtum erlangt, es jauchze die Erde, * freuen sollen sich die vielen Inseln.

Wolken und Dunkel sind rings um ihn, * Gerechtigkeit und Urteil sind die Grundfeste seines Thrones.

Feuer wird vor ihm hergehen * und ringsum seine Feinde entzünden.

Seine Blitze haben den Erdkreis erleuchtet, * die Erde sah es und bebte.

Die Berge zerflossen wie Wachs vor dem Angesicht des Herrn, * vor dem Angesicht des Herrn die ganze Erde.

Die Himmel verkündeten seine Gerechtigkeit, * und alle Völker schauten seine Herrlichkeit.

Zuschanden werden sollen alle, die Schnitzbilder anbeten * und die sich ihrer Götzenbilder rühmen.

Betet ihn an, all seine Engel! * Sion hörte es und freute sich.

8b Et exsultavérunt fíliæ Iudæ * propter iudí-
cia tua, Dómine.
9 Quóniam tu Dóminus Altíssimus super om-
nem terram, * nimis exaltátus es super om-
nes deos.
10 Qui dilígitis Dóminum, odíte malum! * cu-
stódit Dóminus ánimas sanctórum suórum, *
de manu peccatóris liberábit eos.
11 Lux orta est iusto, * et rectis corde lætítia.

12 Lætámini, iusti, in Dómino! * et confitémi-
ni memóriæ sanctificatiónis eius!
Glória Patri …

Psalmus 97

Dominus victor in iudicio

Hic psalmus priorem Domini adventum significat et fidem omnium gentium. (S. Athanasius)

CANTÁTE Dómino cánticum novum! *
quia mirabília fecit.
1c Salvávit sibi déxtera eius, * et bráchium
sanctum eius.
2 Notum fecit Dóminus salutáre suum, * in
conspéctu géntium revelávit iustítiam suam.

3a Recordátus est misericórdiæ suæ * et veri-
tátis suæ dómui Israel.
3b Vidérunt omnes términi terræ * salutáre
Dei nostri.
4 Iubiláte Deo, omnis terra! * cantáte! et ex-
sultáte! et psállite!
5 Psállite Dómino in cíthara, in cíthara et vo-
ce psalmi, * 6a in tubis ductílibus et voce tubæ
córneæ!
6b Iubiláte in conspéctu Regis Dómini! * 7 mo-
veátur mare et plenitúdo eius, * orbis terrá-

Und es frohlockten die Töchter Judas * wegen Deiner Urteile, Herr.
Denn Du bist der Herr, der Höchste über die ganze Erde, * hoch erhaben bist Du über alle Götter.
Die ihr den Herrn liebt, hasst das Böse! * der Herr bewahrt die Seelen seiner Heiligen, * aus der Hand des Sünders wird er sie befreien.
Ein Licht ging auf für den Gerechten, * und Freude denen, die aufrichtigen Herzens sind.
Freut euch, ihr Gerechten, im Herrn, * und preist das Gedenken an sein Heiligtum!
Ehre sei dem Vater ...

Psalm 97

Der Herr – Sieger im Gericht

Dieser Psalm bezeichnet die erste Ankunft des Herrn und den Glauben aller Heidenvölker. (Hl. Athanasius)

SINGT dem Herrn ein neues Lied! * denn Wunderbares hat er getan.
Gerettet hat ihn seine Rechte * und sein heiliger Arm.
Kundgetan hat der Herr sein Heil, * im Angesicht der Völker hat er seine Gerechtigkeit offenbart.
Er gedachte seiner Barmherzigkeit * und seiner Wahrheit für das Haus Israel.
Es schauten alle Enden der Erde * das Heil unseres Gottes.
Jubelt Gott, alle Lande, * singt, frohlockt und spielt Psalmen!
Spielt dem Herrn auf der Zither, auf der Zither und mit dem Klang von Psalmen, * mit Trompeten und dem Schall von Hörnern!
Jauchzt im Angesicht des Königs, des Herren! * erbeben soll das Meer und seine Fülle,

rum et qui hábitant in eo.
8 Flúmina plaudent manu simul; * montes ex-
sultábunt 9a a conspéctu Dómini, * quóniam
venit iudicáre terram.

9b Iudicábit orbem terrárum in iustítia * et
pópulos in æquitáte.

Glória Patri ...

Antiphona (Ct 2,6)

Læva eius * sub cápite meo, et déxtera illíus amplexábitur me.

Versiculus (Ps 44,15b)

℣. Adducéntur Regi vírgines.

℟. Post eam próximæ eius afferéntur tibi.

Cotidie

Lectiones [TL]

Oratio in silentio (Mt 6,9b-13; Lc 1,28b.42b)

Pater noster ... & Ave, MARÍA, ... – dicuntur silentio.

Versiculus (Mt 6,13)

℣. Et ne nos indúcas in tentatiőnem ˥

℟. Sed líbera nos a ma̋lo ˥

Versiculus (Ps 84,8)

℣. Osténde nobis, Dómine, misericórdiam tűam ˥

℟. Et salutáre tuum da nőbis ˥

Benedictio ante lectionem

Cum quis solus recitat officium, non dicit Iube ..., sed tantum benedictionem Castitátem ..., etc.

L. Iube, domne, be̋nedícere!

Benedictio

℣. Castitátem mentis et córporis tríbuat ✠ nobis Fílius V̋írginis ˥

℟. A̋men.

der Erdkreis und die auf ihm wohnen.

Die Flüsse sollen zugleich klatschen mit der Hand * und die Berge jubeln vor dem Angesicht des Herrn, * denn er kommt, die Erde zu richten.

Richten wird er den Erdkreis in Gerechtigkeit * und die Völker nach dem Recht.

Ehre sei dem Vater ...

Antiphon (Hoheslied 2,6)

Seine Linke * ruht unter meinem Haupt und seine Rechte umfängt mich.

Versikel (Psalm 44,15b)

℣. Jungfrauen führt man zum König.

℟. Nach ihr wird ihr Gefolge zu Dir gebracht.

Täglich

Lesungen

Gebet in Stille (Matthäus 6,9b-13; Lk 1,28b.42b)

Vater unser ... & Ave, Maria ... – betet man in Stille.

Versikel (Matthäus 6,13)

℣. Und führe uns nicht in Versuchung!

℟. Sondern erlöse uns von dem Bösen!

Versikel (Psalm 84,8)

℣. Erzeige uns, o Herr, Deine Barmherzigkeit!

℟. Und schenke uns Dein Heil!

Segen vor der Lesung

Die Segensbitte (wenn jemand allein das Offizium betet, sagt er nicht Geruhe ..., sondern nur die Segensformel Die Keuschheit ..., usw.)

L. Geruhe, Herr, zu segnen.

Segen

℣. Die Keuschheit des Geistes und des Leibes gewähre ✠ uns der Sohn der Jungfrau.

℟. Amen.

Lectio prima
[TL] (Lc 1,26b-33)

«Ecce concipies in utero, et paries filium». (v. 31a)

MISSUS est Angelus Gábriel a Deo in ci-
vitátem Galilǽæ, cui nomen Názareth :
27 ad vírginem desponsátam viro ⁊ cui nomen
erat Ioseph de domo David : et nomen vírgi-
nis MARÍA. 28 Et ingréssus Angelus ad eam :
=dixit. *Hic † accipimus veniam:* «Ave, grátia
plena † : Dóminus tecum. Benedícta tu in
muliéribus». 29 Quæ cum audísset ⁊ turbáta
est in sermóne eius : et cogitábat, qualis esset
ista salutátio. 30 Et ait Angelus ei. «Ne tímeas,
MARÍA : invenísti enim grátiam apud Deum.
31 Ecce concípies in útero ⁊ et páries fílium :
et vocábis nomen eius IÉSUM. 32 Hic erit ma-
gnus : et Fílius Altíssimi vocábitur. Et dabit
illi Dóminus Deus sedem David patris eius ⁊
et regnábit in domo Iacob in ætérnum : 33 et
regni eiûs non erit finis».

Versiculus ([1]cfr. Ps 40,11a; Lam 5,19a; Ps 122,3a; [2]cfr. 2 Cor 9,15)

℣. [1]Tu autem, Dómine, miserére nostri!
℟. [2]Deo grátias.

Erste Lesung
(Lukas 1,26b-33)

«Siehe, du wirst empfangen im Schoße und einen Sohn gebären» (V. 31a)

GESANDT ward der Engel Gabriel von
Gott in eine Stadt in Galiläa mit Namen
Nazareth 27 zu einer Jungfrau, die verlobt war
mit einem Manne mit Namen Joseph vom
Hause Davids, und der Name der Jungfrau
war MARIA. 28 Und der Engel trat zu ihr hin-
ein und sprach: *Hier † nehmen wir Veniam:*
«Gegrüßt seist du, voll der Gnade, † der Herr
ist mit dir. Du bist gebenedeit unter den
Frauen.» 29 Da sie dies hörte, erschrak sie
über seine Rede und bedachte bei sich, was
dies für ein Gruß sei. 30 Und der Engel sprach
zu ihr: «Fürchte dich nicht, MARIA, denn du
hast Gnade gefunden bei Gott. 31 Siehe, du
wirst empfangen im Schoße und einen Sohn
gebären, und du sollst seinen Namen JESUS
heißen. 32 Dieser wird groß sein und der Sohn
des Allerhöchsten genannt werden; Gott, der
Herr, wird ihm den Thron seines Vaters David geben, und er wird herrschen über das
Haus Jakob in Ewigkeit, 33 und seines Reiches
wird kein Ende sein.»

Versikel ([1]vgl. Psalm 40,11a; Klagelieder 5,19a; Ps 122,3a; [2]vgl. 2 Kor 9,15)

℣. [1]Du aber, Herr, erbarme Dich unser!

℟. [2]Dank sei Gott.

Primum responsorium magnum

[t. 3] ([1]Apc 21,1a.2b; [2]Ct 2,13d. [3]2a. [4]14a; [5]Eccli 39,17b; [6]Iob 36,26b; [7]Ct 4,11c; [8]Eccli 50,8b; [9]Is 49,18d; [10]Ct 2,12a.[11]1b)

℟. [1]Vidi * [2]speciósam [3]sicut [4]colúmbam ascendéntem dé[5]super rivos aquárum', cuius [6]inæstimábilis [7]odor' erat nimis [7]in vestiméntis' eius. † Et sicut [8]dies verni [9]circúmdabant' eam [10]flores [5]rosárum et [11]lília convállium.

Versus (Ct 6,8b)

℣. Vidérunt illam fíliæ Sion, beatíssimam prædicavérunt, et regínæ laudavérunt eam. † Et sicut dies verni ...

Lectio secunda

[TL] (Lc 1,34-38a)

«Ecce ancilla Domini; fiat mihi secundum verbum tuum». (v. 38a)

DIXIT autem MARÍÁ ad Angelum. «Quómodo fiet istud, quóniam virum non cognósco?» [35] Et respóndens Angelus : dixit ei. «Spíritus Sanctus superveniet in te : et virtus Altíssimi obumbrabit tibi. Ideóque et quod nascétur ex te Sanctum : vocábitur Filius Dei. [36] Et ecce Elísabeth cognáta tua : et ipsa concépit fílium in senectute sua. Et hic mensis sextus est illi, quæ vocátur stérilis : [37] quia non erit impossíbile apud Deum omne verbum». [38a] Dixit autem MARÍA. «Ecce ancilla Dómini. Fiat mihi secûndum verbum tuum».

Versiculus ([1]cfr. Ps 40,11a; Lam 5,19a; Ps 122,3a; [2]cfr. 2 Cor 9,15)

℣. [1]Tu autem, Dómine, miserere nostri!

℟. [2]Deo grátias.

Erster großer Antwortgesang

[Komponiert aus verschiedenen biblischen Büchern: Apokalypse = Offb; Lied d. Lieder/Hld); Ecclesiasticus = Kirchenbuch (= Sir); Isaias/Jes]

℟. Ich sah * sie, schön wie eine Taube, die emporschwebt über Wasserbächen; unschätzbarer Wohlgeruch lag reich auf ihren Gewändern. † Und wie Frühlingstage umgaben sie Rosenblüten und Lilien der Täler.

Vers (Lied der Lieder/Hoheslied 6,8b)

℣. Es erblickten sie Sions Töchter, sie priesen die Seligste, und die Königinnen lobten sie. † Und wie Frühlingstage …

Zweite Lesung

(Lukas 1,34-38a)

«Siehe ich bin die Magd des Herrn, mir geschehe nach deinem Wort.» (V. 38a)

ES sprach aber MARIA zu dem Engel: «Wie
wird dies geschehen, da ich einen Mann
nicht erkenne?» 35 Der Engel antwortete und
sprach zu ihr: «Der Heilige Geist wird auf
dich herabkommen, und die Kraft des Allerhöchsten wird dich überschatten; darum
wird auch das Heilige, welches aus dir geboren werden soll, Sohn Gottes genannt werden. 36 Und siehe, Elisabeth, deine Verwandte, auch sie hat einen Sohn empfangen in ihrem Alter, und dies ist der sechste Monat für
sie, die unfruchtbar heißt, 37 denn bei Gott ist
kein Ding unmöglich.» 38a MARIA aber sprach:
«Siehe, ich bin die Magd des Herrn, mir geschehe nach deinem Worte.»

Versikel ([1]vgl. Psalm 40,11a; Klagelieder 5,19a; Ps 122,3a; [2]vgl. 2 Kor 9,15)

℣. [1]Du aber, Herr, erbarme Dich unser!

℟. [2]Dank sei Gott.

Secundum responsorium magnum

[t. 2] (Ct 3,6)

℟. Quæ est ista, * quæ ascéndit per desértum sicut vírgula fumi ex aromátibus myrrhæ et turis † Et univérsi púlveris pigmentárii?

Versus (Ct 4,11b)

℣. Mel et lac sub lingua tua, et odor vestimentórum tuórum sicut odor turis. † Et univérsi ...

Lectio tertia

[TL] (Lc 1,39-45)

«Et unde hoc mihi, ut veniat mater Domini mei ad me?» (v. 43)

EXSÚRGENS (.) MARÍA in diébus illis : ábi-
it in montána cum festinatióne in civi-
tátem Iuda 7 [40] et intrávit in domum Zacha-
ríæ : et salutávit Elísabeth. [41] Et factum est, ut
audívit salutatiónem MARÍÆ Elísabeth : ex-
sultávit infans in útero eius. Et repléta est
Spíritu Sancto Elísabeth : [42] et exclamávit vo-
ce magna, et dixit. «Benedícta tu inter mulíe-
res : et benedíctus fructus ventris tui. [43] Et
unde hoc mihi, ut véniat mater Dómini mei
ad me? [44] Ecce enim ut facta est vox salutati-
ónis tuæ in áuribus meis : exsultávit in gáu-
dio infans in útero meo. [45] Et beáta, quæ cre-
didísti : quóniam perficiéntur ea, quæ dicta
sûnt tibi a Dómino».

Versic. ([1]Lam 5,19a; Ps 122,3a; [2]cfr. 2 Cor 9,15)

℣. [1]Tu autem, Dómine, miserére nostri!

℟. [2]Deo grátias.

Zweiter großer Antwortgesang
(Lied der Lieder/Hoheslied 3,6)

℟. Wer ist sie, die aus der Wüste heraufsteigt wie eine Rauchsäule von Wohlgerüchen der Myrrhe und des Weihrauchs † Und sämtlichen Pulvers des Salbenhändlers?

Vers (Lied der Lieder/Hoheslied 4,11b)

℣. Honig und Milch ist unter deiner Zunge; und der Duft deiner Kleider ist wie der Duft des Weihrauchs. † Und sämtlichen …

Dritte Lesung
(Lukas 1,39-45)

«Und woher geschieht mir dies, dass die Mutter meines Herrn zu mir kommt?» (V. 43)

ES machte sich (.) MARIA in jenen Tagen auf, und ging eilends auf das Gebirge
nach einer Stadt (des Stammes) Juda. 40 Und
sie kam in das Haus des Zacharias, und grüßte Elisabeth. 41 Und es begab sich, sobald Elisabeth den Gruß MARIAS hörte, hüpfte das Kind freudig in ihrem Leibe auf, und Elisabeth ward erfüllt von dem Heiligen Geiste.
42 Und sie rief mit lauter Stimme und sprach: «Gebenedeit bist du unter den Frauen, und gebenedeit ist die Frucht deines Leibes.
43 Und woher geschieht mir dies, dass die Mutter meines Herrn zu mir kommt? 44 Denn
siehe, sobald die Stimme deines Grußes an mein Ohr gelangte, hüpfte das Kind freudig in meinem Schoße. 45 Und selig, die du geglaubt hast, dass in Erfüllung gehen wird, was dir von dem Herrn gesagt ward.»

Versikel ([1]Klgl 5,19a; Ps 122,3a; [2]vgl. 2 Kor 9,15)

℣. [1]Du aber, Herr, erbarme Dich unser!

℟. [2]Dank sei Gott.

Tertium responsorium magnum
[t. 8] (Lc 1,48b.49)

℟. 48b Beátam * me dicent omnes generatiónes, † 49 Quia fecit mihi Dóminus magna, qui potens est, †† Et sanctum nomen eius.

Versus (Lc 1,46b.47)

℣. 46b Magníficat ánima mea Dóminum, 47 et exsultávit spíritus meus in Deo salutári meo. † Quia fecit mihi ...

℣. Glória Patri et Fílio et Spirítui Sancto. †† Et sanctum nomen eius.

Hymnus
sanctorum Ambrosii († 397)
& Augustini († 430)
[t. 3]

Ad Deum Patrem

TE Deum laudámus, * te Dóminum confitémur.

Te ætérnum Patrem * omnis terra venerátur.

Laus ab hierarchia cælesti

Ab Angelis sanctis (Is 6,2a.3)

Tibi omnes Angeli, * tibi cæli et univérsæ Potestátes.

Tibi Chérubim et 2a Séraphim * incessábili voce 3a proclámant:

Ad trinum ‹Sanctus› *nos inclinamus.*

3b «**Sanctus.**

Sanctus.

Sanctus.

Dóminus Deus Sábaoth.

3c Pleni sunt cæli et terra * maiestátis glóriæ tuæ».

Dritter großer Antwortgesang
(Lukas 1,48b.49)

℟. Selig * werden mich preisen alle Generationen, † Denn Großes hat an mir getan der Herr, der mächtig ist; †† Und heilig ist sein Name.

Vers (Lukas 1,46b.47)

℣. Hochpreist meine Seele den Herrn, und mein Geist frohlockt in Gott, meinem Heiland. † Denn Großes hat an mir getan …

℣. Ehre sei dem Vater und dem Sohn(e) und dem Heiligen Geist(e). †† Und heilig ist …

Hymnus (= Lobgesang) der heiligen Ambrosius († 397) und Augustinus († 430)

Zu Gott-Vater

DICH, den Gott, loben wir. * Dich, den Herrn, preisen wir.

Dich, den ewigen Vater, * verehrt der ganze Erdkreis.

Lob von der himmlischen Ordnung

Von den heiligen Engeln (Isaias/Jesaja 6,2a.3)

Dir rufen alle Engel zu, * die Himmel und alle Mächte.

Dir rufen die Cherubim und Seraphim * mit nie versagender Stimme zu:

Zum dreimaligen ‹Heilig› *verneigen wir uns.*

«**Heilig.**
Heilig.
Heilig.
Ist der Herr, Gott Sabaoth.

Voll sind Himmel und Erde * von der Majestät Deiner Herrlichkeit.»

Ab apostolis, prophetis, martyribus, denique tota Ecclesia

Te gloriósus * apostolórum chorus.

Te prophetárum * laudábilis númerus.

Te mártyrum candidátus * laudat exércitus.

Te per orbem terrárum * sancta confitétur Ecclésia.

Adoratio fit Deo trino

Patrem * imménsæ maiestátis.

Venerándum tuum verum * et únicum Fílium.

Sanctum quoque * Paráclitum Spíritum.

Ad Christum (¹Ps 23,7c.8a.9c.10)

Tu [1]Rex glóriæ', * Christe.

Tu Patris * sempitérnus es Fílius.

(cfr. Is 7,14b; Lc 1,27b.31a)

Tu, ad liberándum susceptúrus hóminem, * non horruísti Vírginis úterum.

([1]cfr. 1 Cor 15,55a)

Tu, [1]devícto mortis acúleo', * aperuísti credéntibus regna cælórum.

([1]Heb 1,3c; [2]Philp 2,11b)

Tu [1]ad déxteram Dei sedes * [2]in glória Patris.

(Act 10,42b; Mt 16,27a)

Iudex créderis * esse ventúrus.

Ad Deum Patrem (1 Pe 1,19; Apc 5,9c)

Hunc ad versum genuflectimus & hic † veniam sumimus:

Te ergo quǽsumus, tuis fámulis súbveni! * quos pretióso Sánguine redemísti. †

Von den Aposteln, Propheten, Martyrern, und der ganzen Kirche

Dich lobt der glorreiche * Chor der Apostel.

Dich der Propheten * lobwürdige Zahl.

Dich der Martyrer * weißgekleidetes Heer.

Dich bekennt auf dem Erdenrund * die heilige Kirche.

Zum dreifaltigen Gott

Den Vater * unermesslicher Majestät.

Deinen zu verehrenden wahren * und einzigen Sohn.

Auch den Heiligen Geist, * den Beistand.

Zu Christus (Psalm 23,7c.8a.9c.10)

Du König der Herrlichkeit, * Christus.

Du bist des Vaters * ewiger Sohn.

(vgl. Isaias/Jesaja 7,14b; Lukas 1,27b.31a)

Da Du die Menschennatur annehmen wolltest, um sie zu befreien, * scheutest Du nicht der Jungfrau Schoß. ↓(vgl. 1 Korinther 15,55b)

Als Du den Stachel des Todes besiegtest, * hast Du den Gläubigen das Himmelreich erschlossen. ↓(Hebräer 1,3c; Philipper 2,11b)

Du sitzest zur Rechten Gottes, * in der Herrlichkeit des Vaters. ↓(Apg 10,42b; Mt 16,27a)

An Dich glauben wir * als künftigen Richter.

Zu Gott-Vater (1 Petrus 1,19; Offenbarung 5,9c)

Zu folgendem Vers knien wir und nehmen hier † Veniam:

Dich also bitten wir, steh' Deinen Dienern bei, * die Du mit dem kostbaren Blut erlöst hast! †

Versus sequens dicitur
— aut more cartusiano
Ætérna fac cum sanctis tuis * glória munerári!
— aut more romano
[Ætérna fac cum sanctis tuis * in glória numerári!]

Preces e psalmis depromptæ (Ps 27,9)
Salvum fac pópulum tuum, Dómine! * et bénedic hereditáti tuæ!
Et rege eos! * et extólle illos usque in ætérnum! ↓([1]cfr. Ps 144,2)
[1]Per síngulos dies * benedícimus te.
Et laudámus nomen tuum in sǽculum * et in sǽculum sǽculi'.
Dignáre, Dómine, die isto * sine peccáto nos custodíre!
(Ps 122,3a; Tob 8,10b)
Miserére nostri, Dómine! * miserére nostri!
(Ps 32,22)
Fiat misericórdia tua, Dómine, super nos, * quemádmodum sperávimus in te.
(Ps 30,2a/70,1b)
In te, Dómine, sperávi, * non confúndar in ætérnum.

Versiculus [TL] ([1]Ps 45,6b.[3]a; [2]cfr. 15,11b; 66,2b)
℣. [1]Adiuvábit eam Deus [2]vultu sűo ⁊

℟. [3]Deus in médio eius, non commove̋bitur ⁊

Matutinæ signo crucis concluduntur, nisi Laudes statim subiunguntur.
Signum crucis

Folgenden Versikel betet man
— entweder nach Kartäuserart

Lass uns mit Deinen Heiligen * das Geschenk der ewigen Herrlichkeit zuteilwerden.

— oder nach römischer Weise

[Lass uns in der ewigen Herrlichkeit * zu Deinen Heiligen gezählt werden.]

Fürbitten aus Psalmtexten (Psalm 27,9)

Rette Dein Volk, Herr, * und segne Dein Erbe!

Und leite sie * und erhöhe sie bis in Ewigkeit!

(vgl. Psalm 144,2)

Durch alle Tage * preisen wir Dich.

Und wir loben Deinen Namen in Ewigkeit * und von Ewigkeit zu Ewigkeit.

Bewahre uns gnädig, Herr, * an diesem Tag ohne Sünde!

(Psalm 122,3a; Tobias 8,10b)

Erbarme Dich unser, Herr, * erbarme Dich unser! ↓(Psalm 32,22)

Deine Barmherzigkeit komme über uns, Herr, * so wie wir auf Dich gehofft haben.

(Psalm 30,2a/70,1b)

Auf Dich, Herr, habe ich meine Hoffnung gesetzt; * ich werde nicht zuschanden in Ewigkeit.

Versikel ([1]Psalm 45,6b.[3]a; [2]vgl. 15,11b; 66,2b)

℣. [1]Gott will ihr helfen [2]durch sein Angesicht.

℟. [3]Gott ist in ihrer Mitte, sie wird nicht wanken.

Die Metten werden, falls nicht unmittelbar die Laudes folgen, mit dem Kreuzzeichen beendet.

Kreuzzeichen

AD LAUDES

Oratio in silentio (1Lc 1,28b.2 42b)
Dicitur semel salutatio angelica – *genuflectens.*
Hic † accipimus veniam.

AVE,[1] MARÍA, grátia plena! † Dóminus tecum; benedícta tu in muliéribus, [2]et benedíctus fructus ventris tui, IESUS.

Sancta MARÍA, Mater Dei, ora pro nobis peccatóribus, nunc et in hora mortis nostræ! Amen. †

Signum crucis – *stans.*
(1Mt 28,19b; 2cfr. 1 Cor 14,16b; 2 Cor 1,20b)
✠ [1]In nómine Patris et Fílii et Spíritus Sancti. [2]Amen.

Versus initialis (Ps 69,2)
℣. Deus, in adiutórium meum inténde!
℟. Dómine, ad adiuvándum me festína!

Doxologia trinitaria (cfr. Rom 11,36b; Philp 4,20)
– *genuflectens cum venia vel se inclinans.*
Hic † accipimus veniam, cum nobis ex tempore genuflectendum est.
Glória Patri et Fílio * et Spirítui Sancto. †

Stans (cfr. Rom 16,27b; Gal 1,5; 1 Tim 1,17b; 2 Tim 4,18b; Heb 13,21b; 1 Pe 4,11c)
Sicut erat in princípio et nunc et semper * et in sǽcula sæculórum. Amen.

Iubilatio vel sola antiphona [recto tono]
(Ps 104,1a; Apc 19,1b.3b.4c.6b)
Allelúia.
In Septuagesima vero iubilatio dicitur hæc
(cfr. 1 Tim 1,17a)
Laus tibi, Dómine, Rex ætérnæ glóriæ.

DIE LAUDES

Gebet in Stille ([1]Lukas 1,28b.[2]42b)
Man betet einmal den Englischen Gruß – *kniend.*
Hier † nehmen wir Veniam.

GEGRÜSSET[1] seist du, MARIA, voll der Gnade, † der Herr ist mit dir; du bist gebenedeit unter den Frauen, [2]und gebenedeit ist die Frucht deines Leibes, JESUS.
Heilige MARIA, Mutter Gottes, bitte für uns Sünder, jetzt und in der Stunde unseres Todes! Amen. †

Das Kreuzzeichen – *stehend.*
([1]Mt 28,19b; [2]vgl. 1 Kor 14,16b; 2 Kor 1,20b)
✠ [1]Im Namen des Vaters und des Sohnes und des Heiligen Geistes. [2]Amen.

Eröffnungsvers (Psalm 69,2)
℣. O Gott, komm mir zu Hilfe!
℟. Herr, eile mir zu helfen!

Lobpreis der Dreifaltigkeit (vgl. Römer 11,36b; Philipper 4,20)
– *kniend mit Veniam bzw. verneigt.*
Hier † nehmen wir Veniam, wenn nach der (liturgischen) Zeit zu knien ist.
Ehre sei dem Vater und dem Sohn(e) * und dem Heiligen Geist(e). †
Stehend (vgl. Röm 16,27b; Gal 1,5; 1 Tim 1,17b; 2 Tim 4,18b; Hebr 13,21b; 1 Petr 4,11c)
Wie (es war) im Anfang so auch jetzt und allezeit * und in Ewigkeit. Amen.

Jubelruf bzw. einzige Antiphon
(Psalm 104,1a; Apokalypse 19,1b.3b.4c.6b)
Alleluja.
In der Vorfasten- und Fastenzeit aber lautet der Jubelruf so (vgl. 1 Timotheus 1,17a)
Lob sei Dir, Herr, König der ewigen Herrlichkeit.

Psalmodia

Sola antiphona [t. 1-8]
(Ct 1,14)

Ecce tu * [pulchra es, amíca mea, ecce tu pulchra; óculi tui columbárum.]

Psalmus 92

Magnificentia Domini creatoris

«Quoniam regnavit Dominus Deus noster omnipotens. Gaudeamus, et exsultemus, et demus gloriam ei».
(Apc 19,6b-7a)

DÓMINUS regnávit, decórem indútus est; * indútus est Dóminus fortitúdinem, et præcínxit se.
1c Etenim firmávit orbem terræ, * qui non commovébitur.
2 Paráta sedes tua ex tunc; * a sǽculo tu es.

3a Elevavérunt flúmina, Dómine, * elevavérunt flúmina vocem suam.
3b Elevavérunt flúmina fluctus suos, * 4a a vócibus aquárum multárum.
4b Mirábiles elatiónes maris; * mirábilis in altis Dóminus.
5 Testimónia tua credibília facta sunt nimis; * domum tuam decet sanctitúdo, Dómine, in longitúdinem diérum.
Glória Patri …

Psalmus 99

Gaudium in templum ingredientium

Redemptos iubet Dominus victoriæ carmen canere.
(S. Athanasius)

IUBILÁTE Deo, omnis terra! * servíte Dómino in lætítia!
2b Introíte in conspéctu eius * in exsultatióne!

Psalmengesang

Einzige Antiphon

(Lied der Lieder/Hoheslied 1,14)

Siehe, du * [bist schön, meine Freundin, siehe, du bist schön; deine Augen sind wie die von Tauben.]

Psalm 92

Die Größe des Herrn, des Schöpfers

«Denn es regiert der Herr, unser Gott, der Allmächtige. Freuen wollen wir uns und aufjubeln und ihm den Lobpreis darbringen.» (Apokalypse/Offenbaung 19,6b-7a)

DER HERR hat das Königtum erlangt, er ist in Schönheit gekleidet; * gekleidet ist der Herr in Macht, und er hat sich umgürtet.

Denn er hat den Erdkreis befestigt, * der nicht wanken wird.

Bereitet ist Dein Thron seit jeher, * seit Ewigkeit bist Du.

Es erhoben die Ströme, Herr, * es erhoben die Ströme ihre Stimme.

Es erhoben die Ströme ihre Fluten * vom Tosen vieler Wasser.

Wunderbar sind die Erhebungen des Meeres, * wunderbar ist in den Höhen der Herr.

Deine Zeugnisse sind überaus glaubwürdig, * Deinem Haus gebührt Heiligkeit, Herr, für die Länge der Tage.

Ehre sei dem Vater …

Psalm 99

Die Freude der in den Tempel Einziehenden

Der Herr lässt die Erlösten das Siegeslied singen.

(Hl. Athanasius)

JUBELT Gott, alle Lande, * dient dem Herrn in Freude!

Tretet ein vor sein Angesicht * mit Jubel!

3a Scitóte! quóniam Dóminus ipse est Deus; *
ipse fecit nos, et non ipsi nos.
3b Pópulus eius et oves páscuæ eius, * 4a intro-
íte portas eius in confessióne, átria eius in
hymnis! * confitémini illi!
4b Laudáte nomen eius! 5 quóniam suávis est
Dóminus, * in ætérnum misericórdia eius, * et
usque in generatiónem et generatiónem véri-
tas eius.
Glória Patri ...

Psalmus 62

Anima Domini sitiens

Ad Deum vigilat, qui opera noctis reicit. (N. N.)

DEUS, Deus meus, * ad te de luce vígilo.

2b Sitívit in te ánima mea; * quam multiplíci-
ter tibi caro mea!
3 In terra desérta et ínvia et inaquósa, sic in
sancto appárui tibi, * ut vidérem virtútem tu-
am et glóriam tuam.

4 Quóniam mélior est misericórdia tua super
vitas; * lábia mea laudábunt te.
5 Sic benedícam te in vita mea, * et in nómine
tuo levábo manus meas.
6 Sicut ádipe et pinguédine repleátur ánima
mea; * et lábiis exsultatiónis laudábit os me-
um.
7 Si memor fui tui super stratum meum, in
matutínis meditábor in te, * 8a quia fuísti ad-
iútor meus.
8b Et in velaménto alárum tuárum exsultábo; *
9 adhǽsit ánima mea post te; * me suscépit
déxtera tua.

Wisset, dass der Herr selbst Gott ist! * er hat uns gemacht und nicht wir uns selbst.
Sein Volk und die Schafe seiner Weide, * tretet ein in seine Tore mit Lobpreis, in seine Vorhöfe mit Hymnen, * preist ihn!
Lobt seinen Namen! denn liebenswürdig ist der Herr, * auf ewig währt seine Barmherzigkeit * und bis in alle Geschlechter seine Wahrheit.
Ehre sei dem Vater ...

Psalm 62

Die nach dem Herrn dürstende Seele

Zu Gott hin wacht, wer die Werke der Nacht zurückweist.
(N. N.)

GOTT, mein Gott, * zu Dir hin wache ich vom Morgenlicht.
Es dürstet nach Dir meine Seele, * gar sehr nach Dir mein Fleisch.
Im verlassenen, unwegsamen und wasserlosen Land – so erschien ich vor Dir im Heiligtum, * um Deine Macht und Deine Herrlichkeit zu schauen.
Denn Deine Barmherzigkeit ist besser als das Leben; * meine Lippen werden Dich loben.
So will ich Dich preisen in meinem Leben * und in Deinem Namen die Hände erheben.
Wie von Mark und Fett werde satt meine Seele, * und mit Lippen des Jubels soll mein Mund lobsingen.
Gedenke ich Deiner auf meinem Lager, so sinne ich noch am Morgen über Dich nach, * denn Du warst mein Helfer.
Und im Schutz Deiner Flügel will ich jubeln; * meine Seele hängt an Dir, * Deine Rechte hat mich aufgenommen.

[10] Ipsi vero in vanum quæsiérunt ánimam
meam, * introíbunt in inferióra terræ, * [11] tra-
déntur in manus gládii, partes vúlpium erunt.

[12] Rex vero lætábitur in Deo; * laudabúntur
omnes, qui iurant in eo, * quia obstrúctum
est os loquéntium iníqua.

(Non dicitur Glória Patri ..., sed subiungitur)

Psalmus 66

Omnes gentes Domino confiteantur (cfr. vv. 4.6)

«Notum ergo sit vobis, quoniam gentibus missum est hoc salutare Dei». (Act 28,28a)

DEUS misereátur nostri et benedícat nobis, * illúminet vultum suum super nos, * et misereátur nostri.
[3] Ut cognoscámus in terra viam tuam, * in ómnibus géntibus salutáre tuum.
[4] Confiteántur tibi pópuli, Deus, * confiteántur tibi pópuli omnes.
[5] Læténtur, et exsúltent gentes, * quóniam iúdicas pópulos in æquitáte, * et gentes in terra dírigis.
[6] Confiteántur tibi pópuli, Deus, * confiteán-
tur tibi pópuli omnes; * [7a] terra dedit fructum
suum.
[7b] Benedícat nos Deus, Deus noster, benedícat nos Deus; * et métuant eum omnes fines terræ.
Glória Patri ...

Jene aber suchten vergeblich meine Seele, * sie werden eintreten in die Tiefen der Erde, * sie werden der Gewalt des Schwertes übergeben, Beute der Füchse werden sie sein.

Der König aber wird sich freuen in Gott; gepriesen ein jeder, der bei ihm schwört, * denn verstopft ist der Mund derer, die Unrecht reden.

(Hier betet man kein Ehre sei dem Vater ..., sondern fügt an)

Psalm 66

Alle Völker sollen den Herrn preisen (vgl. VV. 4.6)

«So sei euch denn kundgetan, dass den Heiden dieses Heil Gottes gesandt ist.» (Apostelgeschichte 28,28a)

GOTT erbarme sich unser und segne uns, * er lasse sein Angesicht leuchten über uns * und erbarme sich unser.

Damit wir auf Erden Deinen Weg erkennen, * unter allen Völkern Dein Heil.

Preisen sollen Dich die Völker, Gott, * preisen sollen Dich alle Völker.

Freuen sollen sich und jubeln die Heiden, * denn Du richtest die Völker in Gerechtigkeit und lenkst die Heidenvölker auf Erden.

Preisen sollen Dich die Völker, Gott, preisen sollen Dich alle Völker; * die Erde gab ihre Frucht.

Es segne uns Gott, unser Gott, es segne uns Gott, * und fürchten sollen ihn alle Grenzen der Erde.

Ehre sei dem Vater ...

Canticum trium puerorum

[Dn 3,57-58a...a-73a.74-75a...a-82a.83-84a...a-87a.88.56a (cfr. 52a).52b]

Omnis creatura laudet Dominum

«Laudem dicite Deo nostro, omnes servi eius!» (Apc 19,5b)

BENEDÍCITE, ómnia ópera Dómini, Dómino! * laudáte! et superexaltáte eum in sǽcula!
58a Benedícite, Angeli Dómini, Dño! * 59a benedícite, cæli, Dómino!
60a Benedícite, aquæ omnes, quæ super cælos sunt, Dómino! * 61a benedícite, omnes virtútes Dómini, Dómino!
62a Benedícite, sol et luna, Dómino! * 63a benedícite, stellæ cæli, Dómino!
64a Benedícite, omnis imber et ros, Dómino! *
65a benedícite, omnes spíritus Dei, Dómino!
66a Benedícite, ignis et æstus, Dño! * 67a benedícite, frigus et æstus, Dómino!
68a Benedícite, rores et pruína, Dño! * 69a benedícite, gelu et frigus, Dómino!
70a Benedícite, glácies et nives, Dño! * 71a benedícite, noctes et dies, Dómino!
72a Benedícite, lux et ténebræ, Dño! * 73a benedícite, fúlgura et nubes, Dómino!
74 Benedícat terra Dóminum, * laudet et superexáltet eum in sǽcula.
75a Benedícite, montes et colles, Dño! * 76a benedícite, univérsa germinántia in terra, Dño!
77a Benedícite, fontes, Dómino! * 78a benedícite, mária et flúmina, Dómino!
79a Benedícite, cete et ómnia, quæ movéntur in aquis, Dómino! * 80a benedícite, omnes vólucres cæli, Dómino!

Lied der drei Jünglinge

(Aus dem Propheten Daniel, Kapitel 3)

Jedes Geschöpf soll loben den Herrn

«Lob sprechet unserem Gott, alle seine Diener!»
(Apokalypse/Offenbarung 19,5b)

PREISET, alle Werke des Herrn, den Herren, * lobt und erhebt ihn hoch in Ewigkeit!

Preist, ihr Engel des Herrn, den Herrn, * preist, ihr Himmel, den Herrn!

Preist, alle Wasser, die über den Himmeln sind, den Herrn, * preist, alle Mächte des Herrn, den Herrn!

Preist, Sonne und Mond, den Herrn, * preist, ihr Sterne des Himmels, den Herrn!

Preist, aller Regen und Tau, den Herrn, * preist, alle Geister Gottes, den Herrn!

Preist, Feuer und Hitze, den Herrn, * preist, Kälte und Hitze, den Herrn!

Preist, Tau und Reif, den Herrn, * preist, Frost und Kälte, den Herrn!

Preist, Eis und Schnee, den Herrn, * preist, Nächte und Tage, den Herrn!

Preist, Licht und Finsternis, den Herrn, * preist, Blitze und Wolken, den Herrn!

Es preise die Erde den Herrn, * sie lobe und erhebe ihn hoch in Ewigkeit.

Preist, ihr Berge und Hügel, den Herrn, * preist, alle Gewächse auf Erden, den Herrn!

Preist, ihr Quellen, den Herrn, * preist, Meere und Flüsse, den Herrn!

Preist, ihr Seetiere und alles, was sich in den Gewässern bewegt, den Herrn, * preist, alle Vögel des Himmels, den Herrn!

81a Benedícite, omnes béstiæ et pécora, Dó-
mino! * 82a benedícite, fílii hóminum, Dño!
83 Benedícat Israel Dóminum, * laudet et su-
perexáltet eum in sǽcula.
84a Benedícite, sacerdótes Dñi, Dño! * 85a bene-
dícite, servi Dómini, Dómino!
86a Benedícite, spíritus et ánimæ iustórum,
Dómino! * 87a benedícite, sancti et húmiles
corde, Dómino!
88 Benedícite, Ananía, Azaría, Mísael, Dómi-
no! * laudáte! et superexaltáte eum in sæcula!
**Benedicámus Patrem et Fílium cum Sanc-
to Spíritu;** * cfr. 88b **laudémus, et superexalté-
mus eum in sǽcula.**
56a (52a) Benedíctus es, Dómine, in firmaménto
cæli, * 52b et laudábilis et gloriósus et superex-
altátus in sǽcula.

(Hic non dicitur Glória Patri ...)

Psalmus 148

Præconium Domini creatoris

«Sedenti in throno et Agno benedictio et honor et gloria et potestas in sæcula sæculorum». (Apc 5,13b)

LAUDÁTE Dóminum de cælis! * laudáte e-
um in excélsis!
2 Laudáte eum, omnes Angeli eius! * laudáte
eum, omnes virtútes eius!
3 Laudáte eum, sol et luna! * laudáte eum,
omnes stellæ et lumen!
4 Laudáte eum, cæli cælórum! * et aquæ om-
nes, quæ super cælos sunt, 5a laudent nomen
Dómini.
5b Quia ipse dixit, et facta sunt; * ipse man-
dávit, et creáta sunt.
6 Státuit ea in ætérnum et in sǽculum sǽcu-
li, * præcéptum pósuit, et non præteríbit.

Preist, alle Wildtiere und Haustiere, den Herren, * preist, ihr Menschenkinder, den Herrn!
Es preise Israel den Herrn, * lobe und erhebe ihn hoch in Ewigkeit.
Preist, ihr Priester des Herrn, den Herrn, * preist, ihr Diener des Herrn, den Herrn!
Preist, ihr Geister, und Seelen der Gerechten, den Herrn, * preist, Heilige und von Herzen Demütige, den Herrn!
Preist, Ananias, Azarias, Misael, den Herrn, * lobt und erhebt ihn hoch in Ewigkeit!
Lasst uns preisen den Vater und den Sohn mit dem Heiligen Geist, * ihn loben und hoch erheben in Ewigkeit.
Gepriesen bist Du, Herr, im Firmament des Himmels, * und lobwürdig und ruhmvoll und hocherhoben in Ewigkeit.
(Hier betet man kein Ehre sei dem Vater …)

Psalm 148

Lobpreis auf den Herrn, den Schöpfer

«Dem auf dem Thron Sitzenden u. dem Lamm sei Lobpreis u. Ehre u. Herrlichkeit u. Macht in alle Ewigkeit.» (Apk 5,13)

LOBT den Herrn vom Himmel her, * lobt ihn in den Höhen!
Lobt ihn, all seine Engel, * lobt ihn, all seine Heerscharen!
Lobt ihn, Sonne und Mond, * lobt ihn, alle Sterne und Licht!
Lobt ihn, ihr Himmel der Himmel! * und alle Wasser, die über den Himmeln sind, sollen loben den Namen des Herrn.
Denn er sprach, und sie sind geworden; * er befahl, und sie wurden geschaffen.
Er hat sie aufgestellt auf immer und ewig, * ein Gebot hat er gesetzt, und es wird nicht

7 Laudáte Dóminum de terra, * dracónes et omnes abýssi!
8 Ignis, grando, nix, glacies, spíritus procellárum, * quæ fáciunt verbum eius.
9 Montes et omnes colles, * ligna fructífera et omnes cedri.
10 Béstiæ et univérsa pécora, * serpéntes et vólucres pennátæ.
11 Reges terræ et omnes pópuli, * príncipes et omnes iúdices terræ.
12 Iúvenes et vírgines, senes cum iunióribus laudent nomen Dómini, *
13 quia exaltátum est nomen eius solíus.

14a Conféssio eius super cælum et terram; * et exaltávit cornu pópuli sui.
14b Hymnus ómnibus sanctis eius, * fíliis Israel, pópulo appropinquánti sibi.
(Hic non dicitur Glória Patri ...)

Psalmus 149

Exsultatio sanctorum

Filii Ecclesiæ, filii novi populi exsultent in Rege suo: in Christo. (Hesychius)

CANTÁTE Dómino cánticum novum! * laus eius in ecclésia sanctórum.
2 Lætétur Israel in eo, qui fecit eum; * et fílii Sion exsúltent in Rege suo.

3 Laudent nomen eius in choro, * in týmpano et psaltério psallant ei.
4 Quia beneplácitum est Dómino in pópulo suo, * et exaltábit mansuétos in salútem.

vergehen.
Lobt den Herrn von der Erde her, * ihr Drachen und alle Abgründe!
Feuer, Hagel, Schnee, Eis, Sturmwind, * die sein Wort vollziehen.
Ihr Berge und alle Hügel, * fruchtbringende Bäume und alle Zedern.
Ihr wilden Tiere und alles Vieh, * ihr Kriechtiere und gefiederte Vögel.
Ihr Könige der Erde und alle Völker, * ihr Herrscher und alle Richter der Erde.
Ihr Jünglinge und Jungfrauen, die Alten mit den Jüngeren, sie sollen loben den Namen des Herrn, * denn hocherhoben ist sein Name allein.
Sein Bekenntnis ist über Himmel und Erde, * und erhöht hat er das Horn seines Volkes.
Ein Loblied ziemt all seinen Heiligen, * den Söhnen Israels, dem Volk, das sich ihm naht.
(Hier betet man kein Ehre sei dem Vater ...)

Psalm 149

Das Aufjubeln der Heiligen

Die Kinder der Kirche, die Kinder des neuen Volkes, jubeln auf in ihrem König: in Christus. (Hesychius)

SINGT dem Herrn ein neues Lied! * sein Lob in der Versammlung der Heiligen.
Es freue sich Israel an ihm, der es geschaffen hat, * und die Söhne Sions sollen jubeln über ihren König.
Loben sollen sie seinen Namen im Chor, * mit Pauke und Harfe ihm spielen.
Denn Wohlgefallen hat der Herr an seinem Volk, * und erhöhen wird er die Sanftmütigen zum Heil.

5 Exsultábunt sancti in glória, * lætabúntur in
cubílibus suis.

6 Exaltatiónes Dei in gútture eórum, * et glá-
dii ancípites in mánibus eórum.
7 Ad faciéndam vindíctam in natiónibus, * in-
crepatiónes in pópulis.
8 Ad alligándos reges eórum in compédibus *
et nóbiles eórum in mánicis férreis.

9 Ut fáciant in eis iudícium conscríptum; *
glória hæc est ómnibus sanctis eius.
(Hic non dicitur Glória Patri ...)

Psalmus 150

Laudate Dominum! (v. 1b)

«Psallite spiritu! psallite et mente!» (cfr. 1 Cor 14,15b), hoc est: glorificate Deum et anima et corpore vestro! (Hesychius)

LAUDÁTE Dóminum in sanctis eius! * lau-
dáte eum in firmaménto virtútis eius!
2 Laudáte eum in virtútibus eius! * laudáte
eum secúndum multitúdinem magnitúdinis
eius!
3 Laudáte eum in sono tubæ! * laudáte eum in
psaltério et cíthara!
4 Laudáte eum in týmpano et choro! * laudáte
eum in chordis et órgano!
5 Laudáte eum in cýmbalis benesonántibus! *
laudáte eum in cýmbalis iubilatiónis! * 6 om-
nis spíritus laudet Dóminum.
Glória Patri ...

Antiphona (Ct 1,14)
Ecce tu * pulchra es, amíca mea, ecce tu pulchra; óculi tui columbárum.

Frohlocken werden die Heiligen in Herrlichkeit, * sie werden sich freuen auf ihren Lagern.
Erhebungen Gottes sind in ihrer Kehle * und zweischneidige Schwerter in ihren Händen.
Um Rache zu vollziehen bei den Nationen, * Strafgerichte bei den Völkern.
Um ihre Könige zu binden mit Fußfesseln * und ihre Vornehmen mit eisernen Handfesseln.
Um ihnen zu tun nach dem geschriebenen Urteil; * Ruhm ist dies für all seine Heiligen.
(Hier betet man kein Ehre sei dem Vater …)

Psalm 150

Lobet den Herrn! (V. 1b)

«Psalliert mit dem Geist, psalliert auch mit dem Verstand!» (vgl. 1 Kor 14,15b), das heißt: verherrlicht Gott mit eurer Seele und eurem Leib! (Hesychius)

LOBT den Herrn in seinen Heiligen, * lobt ihn in der Feste seiner Kraft!
Lobt ihn in seinen Kräften, * lobt ihn nach der Vielfalt seiner Größe!

Lobt ihn mit dem Klang der Trompete, * lobt ihn mit Psalter und Zither!
Lobt ihn mit Pauke und Chor, * lobt ihn mit Saiten und Pfeifen!
Lobt ihn mit wohlklingenden Zimbeln, * lobt ihn mit Zimbeln des Jubels; * alles, was Atem hat, lobe den Herrn!
Ehre sei dem Vater …

Antiphon (Lied der Lieder/Hoheslied 1,14)
Siehe, du * bist schön, meine Freundin, siehe, du bist schön; deine Augen sind wie die von Tauben.

Capitulum [TL]
(Eccli 24,23)

EGO quasi vitis fructificávi suavita̋tem odóris : et flores mei fructus honóris et hőnestátis.
℟. De̋o grátias.

Hymnus [t. 7] (auctoris N. N.)
(cfr. Eph 5,19; Col 3,16;
[1]Lc 1,28b; [2]Io 1,3a; Col 1,16b;
[3]Lc 2,8-12.15-18;
[4]Mt 2,1-2.9-11)

Hymnus

VERE [1]grátia plena' es,
et gloriósa pérmanes,
quia ex te nobis natus est
[2]Christus, per quem sunt ómnia.

[3]Pastóres, qui audiérunt,
glóriam Deo cantárunt,
cucurrérunt in Béthlehem
natum vidére Dóminum.

[4]Sic Magi ab ortu solis
propter stellæ indícium
portántes typum géntium,
primi ófferunt múnera.

Rogémus ergo, pópuli,
Dei Matrem et Vírginem,
ut ipsa nobis ímpetret
pacem et indulgéntiam.

Glória tibi, Dómine,
glória Unigénito,
una cum Sancto Spíritu
in sempitérna sǽcula. Amen.

Kapitel [= Abschnitt (einer Kurzlesung)]
(Sirach 24,23)

ICH sprosste gleich wie ein Weinstock (den) Wohlgeruch hervor, und meine Blüten sind eine Frucht von Zierde und Schönheit.
℟. Dank sei Gott.

Hymnus (= Lobgesang – dt.: P. N. N. O. Cart.)
(vgl. Epheser 5,19; Kolosser 3,16;
[1]Lukas 1,28b; [2]Johannes 1,3a; Kolosser 1,16b;
[3]Lukas 2,8-12.15-18;
[4]Matthäus 2,1-2.9-11)

Hymnus

DU bist in Wahrheit [1]gnadenvoll',
dein Lob nicht mehr verstummen soll;
denn du, MARIA, hast geschenkt
uns [2]Christus, der die Welten lenkt.

[3]Den Hirten ward die Botschaft kund,
sie priesen Gott mit lautem Mund;
nach Bethlehem sie eilten fort
und fanden froh den Heiland dort.

[4]Auch aus dem Morgenlande fern
die Weisen folgten seinem Stern;
als Erstlinge der Völkerschar
sie brachten ihre Gaben dar.

Aus allen Völkern zu dir fleht,
o Jungfrau-Mutter, das Gebet:
Erwirk uns Nachlass unsrer Schuld,
den Frieden und die Gotteshuld!

Lob Dir, o Herr, auf höchstem Thron
und Deinem eingebor'nen Sohn
mitsamt dem Geist der Heiligkeit
jetzt und in alle Ewigkeit. Amen.

Versiculus (¹Lc 1,28c.²42c)

℣. [1]Benedícta tu in muliéribus.

℟. [2]Et benedíctus fructus ventris tui.

Canticum evangelicum

Antiphona [t. 1-2] (Ct 4,12)

Hortus * [conclúsus es, soror mea; hortus conclúsus es, fons signátus.]

Canticum Zachariæ

(Lc 1,68-79)

De Messia eiusque præcursore

BENEDÍCTUS Dóminus Deus Israel, * quia visitávit, et fecit redemptiónem plebis suæ.
69 Et eréxit cornu salútis nobis * in domo David púeri sui.
70 Sicut locútus est per os sanctórum, * qui a sǽculo sunt, prophetárum eius.

71 Salútem ex inimícis nostris * et de manu ómnium, qui odérunt nos.
72 Ad faciéndam misericórdiam cum pátribus nostris, * et memorári testaménti sui sancti.

73 Iusiurándum, quod iurávit ad Abraham patrem nostrum, * datúrum se nobis.
74 Ut sine timóre de manu inimicórum nostrórum liberáti, * serviámus illi.
75 In sanctitáte et iustítia coram ipso * ómnibus diébus nostris.
76 Et tu, puer, prophéta Altíssimi vocáberis; * præíbis enim ante fáciem Dómini paráre vias eius.

Versikel (¹Lukas 1,28c.²42c)

℣. ¹Du bist gebenedeit unter den Frauen.

℟. ²Und gebenedeit ist die Frucht deines Leibes.

Lied aus dem Evangelium

Antiphon (Lied der Lieder/Hoheslied 4,12)

Ein Garten, * [ein verschlossener, bist du, meine Schwester; du bist ein verschlossener Garten, ein versiegelter Quell.]

Das Lied Zacharias'

(Lukas 1,68-79)

Über den Messias und seinen Vorläufer

GEPRIESEN sei der Herr, der Gott Israels, * denn heimgesucht hat er sein Volk und ihm Erlösung geschaffen.

Ein Horn des Heils hat er uns errichtet * im Hause seines Knechtes David.

Wie er gesprochen hat durch den Mund der Heiligen, * die von alters her sind, seiner Propheten.

Rettung von unseren Feinden * und aus der Hand aller, die uns hassen.

Um Barmherzigkeit zu üben an unseren Vätern * und seines heiligen Bundes zu gedenken.

Den Eid, den er unserem Vater Abraham geschworen hat, * uns zu verleihen.

Dass wir ohne Furcht, aus der Hand unserer Feinde befreit, * ihm dienen mögen.

In Heiligkeit und Gerechtigkeit vor ihm * all unsere Tage.

Und du, Kind, wirst Prophet des Höchsten genannt werden, * denn du wirst vor dem Angesicht des Herrn einhergehen, um seine Wege zu bereiten.

77 Ad dandam sciéntiam salútis plebi eius * in remissiónem peccatórum eórum.
78 Per víscera misericórdiæ Dei nostri, * in quibus visitávit nos óriens ex alto.

79 Illumináre his, qui in ténebris et in umbra mortis sedent, * ad dirigéndos pedes nostros in viam pacis.
Glória Patri ...

Antiphona (Ct 4,12)

Hortus * conclúsus es, soror mea; hortus conclúsus es, fons signátus.

Versiculus (Ps 101,2)

℣. Dómine, exáudi oratiónem meam!
℟. Et clamor meus ad te véniat.

Monitio ad orationem [TO]

Orémus.

Oratio de maternitate B. V. MARIÆ

DEUS, qui salútis ætérnæ, beátæ MARÍÆ virginitáte fecúnda, humáno géneri prǽmia præstitísti ? tríbue, quǽsumus : ut ipsam pro nobis intercédere sentiámus ? per quam merúimus auctórem vitæ suscípere Dóminum nostrum IESUM Christum Fílium tuum : Qui tecum vivit et regnat in unitáte Spíritus Sancti, Déus ? per ómnia sǽcula sæculórum :

℟. Amen.

Versiculus (Ps 101,2)

℣. Dómine, exáudi oratiónem meam!
℟. Et clamor meus ad te véniat.

Um seinem Volk die Wissenschaft des Heils zu geben * zur Vergebung ihrer Sünden.

Durch das Innigste der Barmherzigkeit unseres Gottes, * in welcher er uns heimgesucht hat, ausgehend aus der Höhe.

Um jene zu erleuchten, die in Finsternis und in Todesschatten sitzen, * und unsere Schritte zu lenken auf den Weg des Friedens.

Ehre sei dem Vater ...

Antiphon (Lied der Lieder/Hoheslied 4,12)

Ein Garten, * ein verschlossener, bist du, meine Schwester; du bist ein verschlossener Garten, ein versiegelter Quell.

Versikel (Psalm 101,2)

℣. Herr, erhöre mein Gebet!

℟. Und lass mein Rufen zu Dir kommen.

Aufforderung zur Oration (= Gebet)

Lasset uns beten.

Gebet v. d. Mutterschaft der Sel. Jungfrau MARIA

O GOTT, durch die fruchtbare Jungfrauschaft der seligen MARIA hast Du dem Menschengeschlecht die Güter des ewigen Heils geschenkt; lass uns, so bitten wir, erfahren, dass sie selber für uns Fürsprache einlegt, durch die wir den Urheber des Lebens empfangen durften, unseren Herrn JESUS Christus, Deinen Sohn. Der mit Dir lebt und regiert in der Einheit des Heiligen Geistes, Gott von Ewigkeit zu Ewigkeit.

℟. Amen.

Versikel (Psalm 101,2)

℣. Herr, erhöre mein Gebet!

℟. Und lass mein Rufen zu Dir kommen.

Versiculus (1Idt 7,16b; 2cfr. 2 Cor 9,15)
℣. [1]Benedicámus Dómino.
℟. [2]Deo grátias.

SUPPLICATIONES ADNEXÆ

Pro terræ sanctæ liberatione (N. B. terra sancta quodammodo est omnis anima baptismate sanctificata, peccato vero contaminata)

Psalmus 78

Super Ierusalem lamentatio

«Quia si cognovisses et tu ..., quæ ad pacem tibi». (Lc 19,42a)

DEUS, venérunt gentes in hereditátem tuam, * polluérunt templum sanctum tuum, * posuérunt Ierúsalem in pomórum custódiam.
2 Posuérunt morticína servórum tuórum escas volatílibus cæli, * carnes sanctórum tuórum béstiis terræ.
3 Effudérunt sánguinem eórum tamquam aquam in circúitu Ierúsalem; * et non erat, qui sepelíret.
4 Facti sumus oppróbrium vicínis nostris, * subsannátio et illúsio his, qui in circúitu nostro sunt.
5 Usquequo, Dómine, irascéris in finem, * accendétur velut ignis zelus tuus?
6 Effúnde iram tuam in gentes, quæ te non novérunt, * et in regna, quæ nomen tuum non invocavérunt!
7 Quia comedérunt Iacob, * et locum eius desolavérunt.
8 Ne memíneris iniquitátum nostrárum antiquárum! * cito antícipent nos misericórdiæ tuæ, * quia páuperes facti sumus nimis.

Versikel (¹Judith 7,16b; ²vgl. 2 Korinther 9,15)
℣. ¹Lasset uns preisen den Herrn.
℟. ²Dank sei Gott.

BITTRUF-ANHANG

Für die Freiheit des Heiligen Landes (NB: heiliges Land ist in gewissem Sinne jede durch die Taufe geheiligte, durch die Sünde aber befleckte Seele)

Psalm 78

Klage über Jerusalem

«Wenn doch auch du erkannt hättest ..., was dir zum Frieden dient.» (Lukas 19,42a)

GOTT, es kamen die Heiden in Dein Erbe, * befleckten Deinen heiligen Tempel, * machten Jerusalem zur Wachthütte von Obstbäumen.

Sie gaben die Leichen Deiner Knechte zur Speise den Vögeln des Himmels, * das Fleisch Deiner Heiligen den Tieren des Landes.

Sie vergossen ihr Blut wie Wasser rings um Jerusalem, * und es war niemand, der sie begrub.

Wir sind zur Schmach geworden unseren Nachbarn, * zum Hohn und Spott für die, die rings um uns sind.

Wie lange, Herr, wirst Du zürnen ganz und gar, * wird entbrennen wie Feuer Dein Eifer?

Gieße aus Deinen Zorn über die Heiden, die Dich nicht kannten, * und über die Reiche, die Deinen Namen nicht anriefen!

Denn sie vertilgten Jakob * und verwüsteten seinen Ort.

Gedenke nicht unserer alten Missetaten! * eilends komme uns zuvor Deine Barmherzigkeit, * denn arm geworden sind wir gar sehr.

9 Adiuva nos, Deus salutáris noster! * et prop-
ter glóriam nóminis tui, Dómine, líbera nos! *
et propítius esto peccátis nostris propter no-
men tuum!
10a Ne forte dicant in géntibus: «Ubi est Deus
eórum?» * et innotéscat in natiónibus coram
óculis nostris.

10b Ultio sánguinis servórum tuórum, qui ef-
fúsus est; * 11a intróeat in conspéctu tuo gémi-
tus compeditórum.
11b Secúndum magnitúdinem bráchii tui *
pósside fílios mortificatórum!
12 Et redde vicínis nostris séptuplum in sinu
eórum * impropérium ipsórum! quod expro-
bravérunt tibi, Dómine.
13a Nos autem pópulus tuus et oves páscuæ
tuæ, * confitébimur tibi in sǽculum.
13b In generatiónem et generatiónem * annun-
tiábimus laudem tuam.
Glória Patri ...

Psalmus 122

Dominus fiducia populi

Duo cæci ... clamaverunt, dicentes: «Domine, miserere nostri, fili David!» (Mt 20,30)

AD te levávi óculos meos, * qui hábitas in cælis.
2a Ecce sicut óculi servórum * in mánibus do-
minórum suórum.
2b Sicut óculi ancíllæ in mánibus dóminæ su-
æ, * ita óculi nostri ad Dóminum Deum nos-
trum, donec misereátur nostri.

3 Miserére nostri, Dómine! miserére nostri! *
quia multum repléti sumus despectióne.

Hilf uns, Gott, unser Retter, * und um der Ehre Deines Namens willen, Herr, befreie uns! * und sei gnädig unseren Sünden um Deines Namens willen.

Damit man nicht etwa sage bei den Heidenvölkern: «Wo ist ihr Gott?» * und kund werden soll bei den Nationen vor unseren Augen.

Die Vergeltung für das Blut Deiner Knechte, das vergossen wurde; * es komme vor Dein Angesicht das Seufzen der Gefesselten.

Nach der Größe Deines Armes * nimm zum Eigentum die Söhne der Getöteten.

Und vergilt unseren Nachbarn siebenfach in ihrem Schoß * ihre Schmähung, mit der sie uns verhöhnt haben, Herr.

Wir aber, Dein Volk und die Schafe Deiner Weide, * werden Dich bekennen für immer.

Werden von Geschlecht zu Geschlecht * verkünden Dein Lob.

Ehre sei dem Vater ...

Psalm 122

Der Herr, die Zuversicht des Volkes

Zwei Blinde ... riefen laut, indem sie sprachen: «Herr, erbarme Dich unser, Sohn Davids!» (Matthäus 20,30)

ZU Dir erhob ich meine Augen, * der Du im Himmel wohnst.

Siehe, wie die Augen der Knechte * auf die Hände ihrer Herren.

Wie die Augen der Magd auf die Hände ihrer Herrin, * so schauen unsere Augen auf den Herrn, unseren Gott, bis er sich unser erbarmt.

Erbarme Dich unser, Herr, erbarme Dich unser! * denn ganz voll sind wir von Verachtung.

4 Quia multum repléta est ánima nostra; * oppróbrium abundántibus et despéctio supérbis.
Glória Patri ...

PRECES SPECIALES

Invocatio Christi (Mt 20,30b.31b)
Kýrie, eléison! Christe, eléison! Kýrie, eléison!

Oratio in silentio (Mt 6,9b-13; Lc 1,28b.42b)
Pater noster ... & Ave, MARÍA, ...

Versiculus [TL] (Mt 6,13)
℣. Et ne nos indúcas in tentatiónem
℟. Sed líbera nos a malo

Versiculus (Ps 67,2)
℣. Exsúrgat Deus, et dissipéntur inimíci eius
℟. Et fúgiant, qui odérunt eum, a fácie eius

Versiculus (Ps 113,9)
℣. Non nobis, Dómine, non nobis
℟. Sed nómini tuo da glóriam

Versiculus (Ps 43,26)
℣. Exsúrge, Dómine, ádiuva nos!
℟. Et líbera nos propter nomen tuum

Versiculus (Ps 101,2)
℣. Dómine, exáudi oratiónem meam
℟. Et clamor meus ad te veniat

Versiculus (Ps 79,20)
℣. Dómine Deus virtútum, convérte nos!
℟. Et osténde fáciem tuam, et salvi erimus

Orationes [TL]

Versiculus (Ps 101,2)
℣. Dómine, exáudi oratiónem meam
℟. Et clamor meus ad te veniat

Denn übervoll ist unsere Seele; * Schmach sei denen, die im Überfluss leben, und Verachtung den Hochmütigen.
Ehre sei dem Vater …

BESONDERE FÜRBITTEN

Anrufung Christi (vgl. Matthäus 20,30b.31b)
Herr, erbarme Dich! Christus, erbarme Dich! Herr, erbarme Dich!

Gebet in Stille (Matthäus 6,9b-13; Lk 1,28b.42b)
Vater unser … & Gegrüßet seist du, MARIA …

Versikel (Matthäus 6,13)
℣. Und führe uns nicht in Versuchung!
℟. Sondern erlöse uns von dem Bösen!

Versikel (Psalm 67,2)
℣. Es erhebe sich Gott, dass zerstreut werden seine Feinde.
℟. Und fliehen sollen, die ihn hassen, vor seinem Angesicht.

Versikel (Psalm 113,9)
℣. Nicht uns, o Herr, nicht uns.
℟. Sondern Deinem Namen gib die Ehre!

Versikel (Psalm 43,26)
℣. Erhebe Dich, Herr, hilf uns!
℟. Und erlöse uns um Deines Namens willen!

Versikel (Psalm 101,2)
℣. Herr, erhöre mein Gebet!
℟. Und lass mein Rufen zu Dir kommen.

Versikel (Psalm 79,20)
℣. Herr, Gott der Heerscharen, bekehre uns!
℟. Und zeige Dein Angesicht, und wir werden gerettet sein.

Orationen (= Gebete)

Versikel (Psalm 101,2)
℣. Herr, erhöre mein Gebet!
℟. Und lass mein Rufen zu Dir kommen.

Monitio ad orationem

Orémus ✝

Pro terræ sanctæ (i. e. sensu altiore christianæ quoque animæ) liberatione a paganis (i. e. dæmoniis eorumque tentationibus seductionibusque)

DEUS, qui ad exhibénda nostræ redemptiónis mystéria terram promissiónis elegísti ✝ líbera eam, quǽsumus, ab instántia paganórum : et restítue eam cúltui christiáno ✝ ut, gentílium incredulitáte confúsa : pópulus tuus christiánus, in te confídens, de tuæ virtútis poténtia glóriétur.

Pro stabilitate et pace Romanæ Ecclesiæ

ECCLÉSIÆ tuæ, Dómine, preces placátus admítte ✝ ut, destrúctis adversitátibus et erróribus univérsis : secúra tibi sérviat libertáte.

Pro pace (¹cfr. Io 14,27a)

DEUS, a quo sancta desidéria, recta consília et iusta sunt ópera : [1]da servis tuis illam, quam mundus dare non potest, pacem ✝ ut et corda nostra mandátis tuis dédita : et, hóstium subláta formídine, témpora sint tua protectióne tranquílla.

{ Preces pro tempore faciendæ

A festo annuntiationis dominicæ usque ad festum sancti Michaelis dicitur sequens oratio

Pro serenitate tempestatis

A DOMO tua, quǽsumus, Dómine, spirituáles nequítiæ repellántur : et aëriá-

Aufforderung zur Oration (= Gebet)

Lasset uns beten.

Für die Befreiung des Heiligen Landes (d. h. in einem höheren Sinn, der christlichen Seele) von den Heiden (d. h. den Dämonen, ihren Versuchungen und Verführungen)

O GOTT, zum Erweis der Geheimnisse unserer Erlösung hast Du das Land der Verheißung erwählt; befreie es, so bitten wir, vom Eifern der Heiden und gib es wieder dem christlichen Kult zurück; und nach dem Zusammenbruch des heidnischen Unglaubens möge Dein christliches Volk, das auf Dich vertraut, sich Deiner kraftvollen Macht rühmen.

Für die Festigkeit u. den Frieden der Röm. Kirche

DIE Gebete Deiner Kirche, o Herr, nimm versöhnt an, damit nach Vernichtung aller Widerstände und Irrtümer sie Dir in gesicherter Freiheit diene.

Für den Frieden (¹vgl. Johannes 14,27a)

O GOTT, von Dir stammen heilige Wünsche, rechtschaffene Gedanken und gerechte Werke; ¹gib Deinen Dienern jenen Frieden, den die Welt nicht geben kann', damit sowohl unsere Herzen Deinen Geboten ergeben als auch, nach Wegnahme der Furcht vor den Feinden, die Zeiten durch Deinen Schutz ruhig seien.

{ Zeitbedingte Bitten

Vom Fest der Verkündigung des Herrn bis zum Fest des heiligen Michael verrichtet man folgendes Gebet

Um heiteres Wetter

VON Deinem Haus, so bitten wir, o Herr, mögen alle Geister der Schlechtigkeit zu-

rum discédat malígnitas tempestátum.

Annis, quibus celebratur capitulum generale (i. e. annis calendarum imparibus), a feria secunda infra octavam Paschæ usque ad diem Pentecostes dicitur pro prioribus venientibus ad capitulum et inde recedentibus sequens oratio

Pro iter facientibus

ADÉSTO, Dómine, supplicatiónibus nostris : et vias famulórum tuórum in salútis tuæ prosperitáte dispóne ‡ ut inter omnes viæ et vitæ huius varietátes : tuo semper protegántur auxílio. }

Semper sequuntur orationes

Pro cunctis fidelibus defunctis

FIDÉLIUM, Deus, ómnium Cónditor et Redémptor : animábus famulórum famularúmque tuárum remissiónem cunctórum tríbue peccatórum ‡ ut indulgéntiam, quam semper optavérunt : piis supplicatiónibus consequántur.

Pro vivis et defunctis

OMNÍPOTENS sempitérne Deus, qui vivórum domináris simul et mortuórum : omniúmque miseréris, quos tuos fide et ópere futúros esse prænoscis ‡ te súpplices exorámus : ut pro quibus effúndere preces decrevimus ‡ quosque vel præsens sǽculum adhuc in carne rétinet, vel futúrum iam exútos corpore suscépit : pietátis tuæ cleméntia, ómnium delictórum suórum véniam consequántur.

rückgestoßen werden und die Schäden der Luftstürme weichen.

In den Jahren, in denen das Generalkapitel abgehalten wird (d. h. in ungeraden Kalenderjahren), betet man von Montag in der Osteroktav bis zum Pfingsttag für die zum Kapitel kommenden und von dort zurückkehrenden Prioren folgendes Gebet

Für die Reisenden

STEHE bei, o Herr, unseren Bitten und lenke die Wege Deiner Diener in der Gunst Deines Heiles, damit sie in allen Wechselfällen dieses Lebensweges immer durch Deine Beihilfe beschützt werden. }

Stets folgen die Gebete

Für alle verstorbenen Gläubigen

O GOTT, Du Schöpfer und Erlöser aller Gläubigen, gewähre den Seelen Deiner Diener und Dienerinnen die Vergebung aller Sünden, damit sie die Verzeihung, die sie immer ersehnten, durch fromme Fürbitten erlangen.

Für die Lebenden und Verstorbenen

ALLMÄCHTIGER, ewiger Gott, der Du herrschest über Lebende und Tote und aller Dich erbarmst, von denen Du vorausweißt, dass sie durch den Glauben und die Tat Dein sein werden; demütig bitten wir Dich, dass jene, für die wir Gebete zu verrichten beschlossen haben, und die teils das gegenwärtige Zeitalter noch im Fleische zurückhält, teils das zukünftige, des Leibes entledigt, schon aufgenommen hat, durch Deine huldvolle Milde Nachlass all ihrer Vergehen erlangen.

Conclusio (cfr. Io 14,13a; [1]Rom 15,30b; Ids 25b)

[1]Per Dóminum nostrum IESUM Christum' Fílium tűum ⁊ qui tecum vivit et regnat in unitáte Spíritűs Sancti, Deus : per ómnia sǽcula sæculőrum ⁊

Acclamatio (Dt 27,15c)

℟. Ắmen.

Versiculus (Ps 101,2)

℣. Dómine, exáudi oratiónem mĕam ⁊

℟. Et clamor meus ad te vĕniat ⁊

Versiculus ([1]Idt 7,16b; [2]cfr. 2 Cor 9,15)

℣. [1]Benedicámus Dőmino ⁊

℟. [2]Deo grắtias ⁊

Vers. pro animabus in purgatorio cruciatus patientibus ([1]cfr. Ps 4,9c.[2]a; [3]Dt 27,15c; 1 Cor 14,16b; 2 Cor 1,20b)

℣. Animæ ómnium fidélium defunctórum per misericórdiam Dei [1]requiéscant [2]in pắce ⁊

℟. [3]Ắmen.

Antiphona mariana [t. 1] ([1]cfr. Gn 4,14b; [2]3,20; [3]Ps 83,7a; [4]Lc 1,42c)
Hic † accipimus veniam.

SALVE, Regína misericórdiæ! † vitæ dulcédo et spes nostra, salve! Ad te clamámus, [1]éxsules [2]fílii Evæ'. Ad te suspirámus, geméntes et flentes in hac [3]lacrimárum valle'. Eia ergo, advocáta nostra, illos tuos misericórdes óculos ad nos convérte! Et IESUM [4]benedíctum fructum ventris tui' nobis post hoc exsílium osténde benígnum! O clemens, o pia, o dulcis MARÍA!

Versiculus [TL] (Lc 1,28b)
Hic † accipimus veniam.

℣. Ave, MARÍA, grátia plĕna ⁊ †

℟. Dóminus tĕcum ⁊

Schlussformel (vgl. Jo 14,13a; [1]Rö 15,30b; Ju 25b)
[1]Durch unseren Herrn JESUS Christus', Deinen Sohn, der mit Dir lebt und regiert in der Einheit des Heiligen Geistes, Gott von Ewigkeit zu Ewigkeit.

Zuruf (Deuteronomium 27,15c)
℟. Amen.

Versikel (Psalm 101,2)
℣. Herr, erhöre mein Gebet!
℟. Und lass mein Rufen zu Dir kommen.

Versikel ([1]Judith 7,16b; [2]vgl. 2 Korinther 9,15)
℣. [1]Lasset uns preisen den Herrn.
℟. [2]Dank sei Gott.

Versikel für die im Fegefeuer leidenden Seelen
([1]vgl. Psalm 4,9c.[2]a; [3]Deuternonomium 27,15c; 1 Korinther 14,16b; 2 Korinther 1,20b)
℣. Die Seelen aller verstorbenen Gläubigen mögen durch die Barmherzigkeit Gottes [1]ruhen [2]in Frieden.
℟. [3]Amen.

Marianische Antiphon
Hier † nehmen wir Veniam.

SEI gegrüßt, o Königin der Barmherzigkeit, † des Lebens Wonne und unsere Hoffnung, sei gegrüßt. Zu dir rufen wir verbannte Kinder Evas, zu dir seufzen wir trauernd und weinend in diesem Tal der Tränen. Wohlan denn, unsere Fürsprecherin, wende deine barmherzigen Augen uns zu, und nach diesem Elend zeige uns JESUS, die gebenedeite Frucht deines Leibes, als gnädigen (Heiland)! O gütige, o milde, o süße MARIA!

Versikel (Lukas 1,28b)
Hier † nehmen wir Veniam.
℣. Gegrüßt seist du, MARIA, voll der Gnade! †
℟. Der Herr ist mit dir.

Monitio ad orationem [TL]

Orémus

Oratio de Virgine Matre in cælum assumpta ac Regina nostra

FAMULÓRUM tuórum, Dómine, delíctis ignósce ut, qui tibi placére de áctibus nostris non valémus : Genetrícis Fílii tui Dómini Dei nostri intercessióne salvémur.

Pro stabilitate et pace Romanæ Ecclesiæ

ECCLÉSIÆ tuæ, Dómine, preces placátus admítte ut destrúctis adversitátibus et erróribus univérsis : secúra tibi sérviat libertáte.

In quacumque necessitate & pro pace

INEFFÁBILEM misericórdiam tuam, Dómine, nobis cleménter osténde ut simul nos et a peccátis éxuas : et a pœnis et a tribulatiónibus, quas pro his merémur, erípias et pacem tuam nostris concéde tempóribus : et nos fámulos tuos ab omni adversitáte custódi.

Conclusio

(cfr. Io 14,13a; [1]Rom 15,30b; Ids 25b)

[1]Per Dóminum nostrum IESUM Christum' Fílium tuum qui tecum vivit et regnat in unitáte Spíritus Sancti, Deus : per ómnia sǽcula sæculórum

Acclamatio (Dt 27,15c)

℟. Amen.

Versiculus [TL] ([1]Idt 7,16b; [2]cfr. 2 Cor 9,15)

℣. [1]Benedicámus Dómino

℟. [2]Deo grátias

Signum crucis

Aufforderung zur Oration (= Gebet)

Lasset uns beten.

Gebet von der in den Himmel aufgenommenen Jungfrau-Mutter und unserer Königin

O HERR, verzeihe die Vergehen Deiner Diener; da wir mit unseren Werken Dir nicht gefallen können, lass uns das Heil erlangen auf die Fürsprache der Gebärerin Deines Sohnes, unseres Herrn und Gottes.

Für die Festigkeit & den Frieden der Röm. Kirche

DIE Gebete Deiner Kirche, o Herr, nimm versöhnt an, damit nach Vernichtung aller Widerstände und Irrtümer sie Dir in gesicherter Freiheit diene.

In jeglicher Not und für den Frieden

DEINE unaussprechliche Barmherzigkeit, o Herr, erzeige uns milde, auf dass Du uns zugleich der Sünden entledigen und den Strafen und Trübsalen, die wir für diese verdienen, entreißen wollest; und gewähre unseren Zeiten Deinen Frieden und bewahre uns, Deine Diener, vor jeder Widerwärtigkeit.

Schlussformel

(vgl. Joh 14,13a; [1]Römer 15,30b; Judas 25b)

[1]Durch unseren Herrn JESUS Christus', Deinen Sohn, der mit Dir lebt und regiert in der Einheit des Heiligen Geistes, Gott von Ewigkeit zu Ewigkeit.

Zuruf (Deuteronomium 27,15c)

℟. Amen.

Versikel ([1]Judith 7,16b; [2]vgl. 2 Korinther 9,15)

℣. [1]Lasset uns preisen den Herrn.

℟. [2]Dank sei Gott.

Kreuzzeichen

AD HORAS MINORES PRIMAM, TERTIAM, SEXTAM, NONAM

Oratio in silentio (¹Lc 1,28b.²42b)
Dicitur semel salutatio angelica – *genuflectens.*
Hic † accipimus veniam.

AVE,[1] MARÍA, grátia plena! † Dóminus tecum; benedícta tu in muliéribus, [2]et benedíctus fructus ventris tui, IESUS.

Sancta MARÍA, Mater Dei, ora pro nobis peccatóribus, nunc et in hora mortis nostræ! Amen. †

Signum crucis – *stans.*
(¹Mt 28,19b; ²cfr. 1 Cor 14,16b; 2 Cor 1,20b)

✠ [1]In nómine Patris et Fílii et Spíritus Sancti. [2]Amen.

Versus initialis (Ps 69,2)

℣. Deus, in adiutórium meum inténde!
℟. Dómine, ad adiuvándum me festína!

Doxologia trinitaria (cfr. Rom 11,36b; Philp 4,20)
– *genuflectens cum venia vel se inclinans.*
Hic † accipimus veniam, cum nobis ex tempore genuflectendum est.

Glória Patri et Fílio * et Spirítui Sancto. †

Stans (cfr. Rom 16,27b; Gal 1,5; 1 Tim 1,17b; …)
Sicut erat in princípio et nunc et semper * et in sǽcula sæculórum. Amen.

Iubilatio vel sola antiphona [recto tono]
(Ps 104,1a; Apc 19,1b.3b.4c.6b)

Allelúia.

In Septuagesima vero iubilatio dicitur hæc (cfr. 1 Tim 1,17a)

Laus tibi, Dómine, Rex ætérnæ glóriæ.

ZU DEN KLEINEN STUNDEN PRIM, TERZ, SEXT, NON

Gebet in Stille ([1]Lukas 1,28b.[2]42b)
Man betet einmal den Englischen Gruß – *kniend.*
Hier † nehmen wir Veniam.

GEGRÜSSET[1] seist du, MARIA, voll der Gnade, † der Herr ist mit dir; du bist gebenedeit unter den Frauen, [2]und gebenedeit ist die Frucht deines Leibes, JESUS.
Heilige MARIA, Mutter Gottes, bitte für uns Sünder, jetzt und in der Stunde unseres Todes! Amen. †

Das Kreuzzeichen – *stehend.*
([1]Mt 28,19b; [2]vgl. 1 Kor 14,16b; 2 Kor 1,20b)
✠ [1]Im Namen des Vaters und des Sohnes und des Heiligen Geistes. [2]Amen.

Eröffnungsvers (Psalm 69,2)
℣. O Gott, komm mir zu Hilfe!
℟. Herr, eile mir zu helfen!

Lobpreis der Dreifaltigkeit (vgl. Römer 11,36b; Philipper 4,20)
– *kniend mit Veniam bzw. verneigt.*
Hier † nehmen wir Veniam, wenn nach der (liturgischen) Zeit zu knien ist.

Ehre sei dem Vater und dem Sohn(e) * und dem Heiligen Geist(e). †

Stehend (vgl. Röm 16,27b; Gal 1,5; 1 Tim 1,17b)
Wie (es war) im Anfang so auch jetzt und allezeit * und in Ewigkeit. Amen.

Jubelruf bzw. einzige Antiphon
(Psalm 104,1a; Apokalypse 19,1b.3b.4c.6b)
Alleluja.

In der Vorfasten- und Fastenzeit aber lautet der Jubelruf so (vgl. 1 Timotheus 1,17a)
Lob sei Dir, Herr, König der ewigen Herrlichkeit.

Hymnus [t. 4] (auctoris N. N.)
(cfr. Eph 5,19; Col 3,16;
[1]Heb 1,2.8; [2]Io 14,16)

Hymnus

MEMÉNTO, salútis Auctor!
quod nostri quondam córporis
ex illibáta Vírgine
nascéndo formam súmpseris.

MARÍA, Mater grátiæ,
Mater misericórdiæ,
tu nos ab hoste prótege!
et hora mortis súscipe!

MARÍA, Mater Dómini,
[1]ætérni Patris Fílii',
fer opem nobis ómnibus
ad te confugiéntibus!

Per tuum, Virgo, Fílium,
per Patrem, per [2]Paráclitum'
adsis præsens ad óbitum,
nostrúmque muni éxitum!

Glória tibi, Dómine,
qui natus es de Vírgine,
cum Patre et Sancto Spíritu
in sempitérna sǽcula. Amen.

Psalmodia

Ad Primam, vide p. 108
Ad Tertiam, vide p. 114
Ad Sextam, vide p. 122
Ad Nonam, vide p. 130

Hymnus (= Lobgesang – dt.: P. N. N. O. Cart.)
(vgl. Epheser 5,19; Kolosser 3,16;
[1]Psalm 109,3b)

Hymnus

SEI eingedenk, Heilbringer Christ:
Vom Himmel Du gestiegen bist,
hast angenommen unser Fleisch
aus einer Jungfrau rein und keusch.

O Mutter der Barmherzigkeit,
die Gnadenhände öffne weit;
beschirm uns vor der Hölle Wut,
nimm uns im Tod in deine Hut!

MARIA, Mutter unsres Herrn,
[1]der ist gezeugt vorm Morgenstern',
sieh', deine Kinder zu dir fliehn:
Sei allen milde Helferin.

Der Höchste auf dem Himmelsthron
gewähre uns durch deinen Sohn,
dass sterbend wir an deiner Hand
hinübergehn ins Vaterland.

O Sohn der Jungfrau, JESU Christ,
das Lied mit Deinem Lobpreis schließt.
Dem Vater und dem Geist geweiht
sei gleiches Lob in Ewigkeit. Amen.

Psalmengesang

Zur Prim, siehe S. 109
Zur Terz, siehe S. 115
Zur Sext, siehe S. 123
Zur Non, siehe S. 131

AD PRIMAM [sc. horam]

Psalmus 53

Imploratio auxilii

Orat propheta, ut in nomine Domini a persequentium malignitate liberetur. (S. Ioannes Cassianus)

DEUS, in nómine tuo salvum me fac! * et in virtúte tua iúdica me!
4 Deus, exáudi oratiónem meam! * áuribus pércipe verba oris mei!
5 Quóniam aliéni insurrexérunt advérsum me, * et fortes quæsiérunt ánimam meam, * et non proposuérunt Deum ante conspéctum suum.
6 Ecce enim Deus ádiuvat me, * et Dóminus suscéptor est ánimæ meæ.
7 Avérte mala inimícis meis! * et in veritáte tua dispérde illos!
8 Voluntárie sacrificábo tibi, * et confitébor nómini tuo, Dómine, quóniam bonum est.
9 Quóniam ex omni tribulatióne eripuísti me, * et super inimícos meos despéxit óculus meus.
Glória Patri …

Psalmus 118

Meditatio verbi Domini in lege (cfr. v. 174b)

Hæc est enim caritas Dei, ut mandata eius custodiamus. (1 Io 5,3a)

Stropha I – Aleph (vv. 1b-8)

BEÁTI immaculáti in via, * qui ámbulant in lege Dómini.
2 Beáti, qui scrutántur testimónia eius, * in toto corde exquírunt eum.
3 Non enim, qui operántur iniquitátem, * in viis eius ambulavérunt.

ZUR PRIM [= zur ersten (Stunde)]

Psalm 53

Gebet um Hilfe

Es betet der Prophet, dass er im Namen des Herrn von der Bosheit der Verfolger befreit werde. (Hl. Johannes Kassian)

GOTT, in Deinem Namen mache mich heil * und in Deiner Macht richte mich!

Gott, erhöre mein Gebet, * zu Ohren nimm die Worte meines Mundes!

Denn Fremde haben sich erhoben gegen mich, * und Starke trachteten nach meiner Seele; * sie haben Gott nicht vor ihr Angesicht gestellt.

Denn siehe, Gott hilft mir, * und der Herr ist es, der meine Seele annimmt.

Wende ab das Böse auf meine Feinde, * und in Deiner Wahrheit richte sie zugrunde!

Freiwillig will ich Dir opfern * und preisen Deinen Namen, Herr, denn er ist gut.

Denn aus aller Bedrängnis hast Du mich errettet, * und auf meine Feinde hat mein Auge herabgeschaut.

Ehre sei dem Vater ...

Psalm 118

Meditation über des Herrn Wort im Gesetz

Denn das ist die Liebe zu Gott, dass wir seine Gebote halten. (1 Johannes 5,3a)

1. Strophe – Aleph (VV. 1b-8)

SELIG die Makellosen auf dem Weg, * die wandeln im Gesetz des Herrn.

Selig, die seine Zeugnisse erforschen, * aus ganzem Herzen ihn suchen.

Denn nicht jene, die Unrecht tun, * wandelten auf seinen Wegen.

4 Tu mandásti * mandáta tua custodíri nimis.

5 Utinam dirigántur viæ meæ * ad custodiéndas iustificatiónes tuas!
6 Tunc non confúndar, * cum perspéxero in ómnibus mandátis tuis.
7 Confitébor tibi in directióne cordis, * in eo quod dídici iudícia iustítiæ tuæ.

8 Iustificatiónes tuas custódiam; * non me derelínquas usquequáque.
(Hic non dicitur Glória Patri ...)

Stropha II – Beth (vv. 9-16)

IN quo córrigit adulescéntior viam suam? * in custodiéndo sermónes tuos.
10 In toto corde meo exquisívi te; * ne repéllas me a mandátis tuis.

11 In corde meo abscóndi elóquia tua, * ut non peccem tibi.

12 Benedíctus es, Dómine; * doce me iustificatiónes tuas!
13 In lábiis meis * pronuntiávi ómnia iudícia oris tui.
14 In via testimoniórum tuórum delectátus sum * sicut in ómnibus divítiis.
15 In mandátis tuis exercébor, * et considerábo vias tuas.
16 In iustificatiónibus tuis meditábor, * non oblivíscar sermónes tuos.
Glória Patri ...

Du hast befohlen, * Deine Gebote streng zu bewahren.
O dass doch meine Wege ausgerichtet wären, * Deine Satzungen zu bewahren!
Dann werde ich nicht zuschanden, * wenn ich schaue auf all Deine Gebote.
Ich will Dich preisen in der Aufrichtigkeit des Herzens, * weil ich gelernt habe die Urteile Deiner Gerechtigkeit.
Deine Satzungen will ich bewahren, * verlass mich nicht gänzlich!
(Hier wird kein Ehre sei dem Vater … gebetet.)

2. Strophe – Bet (VV. 9-16)

WODURCH bessert ein Jüngling seinen Weg? * indem er Deine Worte bewahrt.
Mit meinem ganzen Herzen habe ich Dich gesucht, * verstoße mich nicht von Deinen Geboten!
In meinem Herzen habe ich Deine Aussprüche verborgen, * damit ich gegen Dich nicht sündige.
Gepriesen bist Du, Herr; * lehre mich Deine Satzungen!
Mit meinen Lippen * sprach ich aus alle Urteile Deines Mundes.
Am Weg Deiner Zeugnisse habe ich mich erfreut, * wie an lauter Reichtümern.
In Deinen Geboten will ich mich üben, * und ich werde Deine Wege betrachten.
Über Deine Satzungen will ich nachsinnen, * Deine Worte will ich nicht vergessen.
Ehre sei dem Vater …

Stropha III – Ghimel (vv. 17-24)

RETRÍBUE servo tuo! * vivífica me! et custódiam sermónes tuos.
18 Revéla óculos meos! * et considerábo mirabília de lege tua.
19 Incola ego sum in terra; * non abscóndas a me mandáta tua.
20 Concupívit ánima mea desideráre iustificatiónes tuas * in omni témpore.
21 Increpásti supérbos; * maledícti, qui declínant a mandátis tuis.

22 Aufer a me oppróbrium et contémptum! * quia testimónia tua exquisívi.

23 Etenim sedérunt príncipes, et advérsum me loquebántur; * servus autem tuus exercebátur in iustificatiónibus tuis.
24 Nam et testimónia tua meditátio mea est, * et consílium meum iustificatiónes tuæ.
(Hic non dicitur Glória Patri ...)

Stropha IV – Daleth (vv. 25-32)

ADHÆSIT paviménto ánima mea; * vivífica me secúndum verbum tuum!
26 Vias meas enuntiávi, et exaudísti me; * doce me iustificatiónes tuas!
27 Viam iustificatiónum tuárum ínstrue me! * et exercébor in mirabílibus tuis.
28 Dormitávit ánima mea præ tædio; * confírma me in verbis tuis!
29 Viam iniquitátis ámove a me! * et de lege tua miserére mei!

30 Viam veritátis elégi, * iudícia tua non sum oblítus.

3. Strophe – Gimel (VV. 17-24)

VERGILT Deinem Knecht, belebe mich! * und ich werde Deine Worte bewahren.

Öffne meine Augen! * und ich will die Wunder Deines Gesetzes betrachten.

Ein Fremdling bin ich auf Erden, * verbirg nicht Deine Gebote vor mir!

Meine Seele sehnt sich im Verlangen nach Deinen Satzungen * zu jeder Zeit.

Gescholten hast Du die Hochmütigen, * verflucht sind, die abweichen von Deinen Geboten.

Nimm weg von mir Schmach und Verachtung! * denn ich habe Deine Zeugnisse erforscht.

Denn Fürsten setzten sich und sprachen gegen mich, * Dein Diener aber hat sich geübt in Deinen Satzungen.

Denn Deine Zeugnisse sind meine Betrachtung, * und mein Rat sind Deine Satzungen.

(Hier wird kein Ehre sei dem Vater ... gebetet.)

4. Strophe – Dalet (VV. 25-32)

ES klebte am Boden meine Seele, * belebe mich nach Deinem Wort!

Meine Wege habe ich kundgetan, u. Du hast mich erhört, * lehre mich Deine Satzungen!

Den Weg Deiner Satzungen lehre mich! * und ich werde geübt in Deinen Wundertaten.

Meine Seele wurde schläfrig vor Überdruss, * stärke mich durch Deine Worte!

Den Weg der Ungerechtigkeit halte fern von mir, * und nach Deinem Gesetz erbarme Dich meiner!

Den Weg der Wahrheit habe ich erwählt, * Deine Urteile habe ich nicht vergessen.

31 Adhǽsi testimóniis tuis, Dómine; * noli me confúndere!
32 Viam mandatórum tuórum cucúrri, * cum dilatásti cor meum.
Glória Patri ...
Cetera vide p. 150

AD TERTIAM [sc. horam]

E psalmo 118

Meditatio verbi Domini in lege (cfr. v. 174b)

«Non veni solvere (sc. legem aut prophetas), sed adimplere». (Mt 5,17b)

Stropha V – He (vv. 33-40)

LEGEM pone mihi, Dómine, viam iustificatiónum tuárum! * et exquíram eam semper.
34 Da mihi intelléctum! et scrutábor legem tuam, * et custódiam illam in toto corde meo.

35 Deduc me in sémitam mandatórum tuórum! * quia ipsam vólui.
36 Inclína cor meum in testimónia tua, * et non in avarítiam!
37 Avérte óculos meos! ne vídeant vanitátem; * in via tua vivífica me!

38 Státue servo tuo elóquium tuum * in timóre tuo!
39 Amputa oppróbrium meum! quod suspicátus sum, * quia iudícia tua iucúnda.
40 Ecce concupívi mandáta tua; * in æquitáte tua vivífica me!
(Hic non dicitur Glória Patri ...)

Ich hing an Deinen Zeugnissen, Herr, * mache mich nicht zuschanden!
Den Weg Deiner Gebote bin ich geeilt, * da Du mein Herz weit gemacht hast.
Ehre sei dem Vater ...
Das Weitere siehe S. 151

ZUR TERZ [= zur dritten (Stunde)]

Aus Psalm 118

Meditation über des Herrn Wort im Gesetz

«Nicht bin ich gekommen, um aufzuheben (sc. das Gesetz oder die Propheten), sondern zu erfüllen.» (Matthäus 5,17b)

5. Strophe – He (VV. 33-40)

ALS Gesetz, Herr, gib mir den Weg Deiner Satzungen! * und ich will ihn allzeit erforschen.
Gib mir Einsicht! und ich will suchen Dein Gesetz * und es mit ganzem Herzen bewahren.
Führe mich auf den Pfad Deiner Gebote! * denn ihn habe ich erwählt.
Neige mein Herz zu Deinen Zeugnissen * und nicht zur Habsucht!
Wende ab meine Augen, damit sie nicht Nichtiges sehen, * auf Deinem Weg belebe mich!
Stelle auf Deinem Knecht Deinen Ausspruch * in Furcht vor Dir!
Nimm weg meine Schmach, die ich fürchte! * denn Deine Urteile sind angenehm.
Siehe, ich verlangte nach Deinen Geboten, * in Deiner Gerechtigkeit belebe mich!
(Hier wird kein Ehre sei dem Vater ... gebetet.)

Stropha VI – Vau (vv. 41-48)

ET véniat super me misericórdia tua, Dómine, * salutáre tuum secúndum elóquium tuum.
42 Et respondébo exprobrántibus mihi verbum, * quia sperávi in sermónibus tuis.

43 Et ne áuferas de ore meo verbum veritátis usquequáque, * quia in iudíciis tuis supersperávi.
44 Et custódiam legem tuam semper, * in sæculum et in sæculum sæculi.
45 Et ambulábam in latitúdine, * quia mandáta tua exquisívi.
46 Et loquébar in testimóniis tuis in conspéctu regum, * et non confundébar.

47 Et meditábar in mandátis tuis, * quæ diléxi.

48 Et levávi manus meas ad mandáta tua, quæ diléxi, * et exercébar in iustificatiónibus tuis.

Glória Patri ...

Stropha VII – Zain (vv. 49-56)

MEMOR esto verbi tui servo tuo! * in quo mihi spem dedísti.

50 Hæc me consoláta est in humilitáte mea, * quia elóquium tuum vivificávit me.

51 Supérbiiníque agébant usquequáque; * a lege autem tua non declinávi.

52 Memor fui iudiciórum tuórum a sæculo, Dómine, * et consolátus sum.

6. Strophe – Waw (VV. 41-48)

UND es komme über mich Deine Barmherzigkeit, Herr, * Dein Heil, gemäß Deinem Wort.

Und ich werde denen, die mich schmähen, ein Wort entgegnen, * denn ich habe auf Deine Rede gehofft.

Und nimm nie weg aus meinem Mund das Wort der Wahrheit! * denn auf Deine Urteile hoffte ich ganz und gar.

Und ich will Dein Gesetz immer bewahren, * in Ewigkeit und von Ewigkeit zu Ewigkeit.

Und ich wandelte in Weite, * denn Deine Gebote habe ich erforscht.

Und ich sprach von Deinen Zeugnissen im Angesicht der Könige, * und ich wurde nicht zuschanden.

Und ich sann nach über Deine Gebote, * die ich liebte.

Und ich erhob meine Hände zu Deinen Geboten, die ich liebte, * und ich übte mich in Deinen Satzungen.

Ehre sei dem Vater …

7. Strophe – Sajin (VV. 49-56)

GEDENKE Deines Wortes an Deinen Knecht, * durch das Du mir Hoffnung gegeben!

Es hat mich getröstet in meiner Erniedrigung, * denn Dein Ausspruch hat mich belebt.

Hochmütige handelten ganz und gar ungerecht, * von Deinem Gesetz aber wich ich nicht ab.

Ich gedachte Deiner Urteile seit Ewigkeit, Herr, * und ich war getröstet.

53 Deféctio ténuit me * pro peccatóribus dere-
linquéntibus legem tuam.
54 Cantábiles mihi erant iustificatiónes tuæ *
in loco peregrinatiónis meæ.
55 Memor fui nocte nóminis tui, Dómine, * et
custodívi legem tuam.
56 Hæc facta est mihi, * quia iustificatiónes tu-
as exquisívi.
(Hic non dicitur Glória Patri ...)

Stropha VIII – Heth (vv. 57-64)

PÓRTIO mea, Dómine; * dixi custódire le-
gem tuam.
58 Deprecátus sum fáciem tuam in toto corde
meo; * miserére mei secúndum elóquium tu-
um!
59 Cogitávi vias meas, * et convérti pedes me-
os in testimónia tua.
60 Parátus sum, et non sum turbátus, * ut cu-
stódiam mandáta tua.
61 Funes peccatórum circumpléxi sunt me, *
et legem tuam non sum oblítus.
62 Média nocte surgébam ad confiténdum ti-
bi * super iudícia iustificatiónis tuæ.

63 Párticeps ego sum ómnium timéntium te *
et custodiéntium mandáta tua.
64 Misericórdia tua, Dómine, plena est terra; *
iustificatiónes tuas doce me!
Glória Patri ...

Stropha IX – Teth (vv. 65-72)

BONITÁTEM fecísti cum servo tuo, Dómi-
ne, * secúndum verbum tuum.
66 Bonitátem et disciplínam et sciéntiam doce
me! * quia mandátis tuis crédidi.

Unmut hat mich erfasst * wegen der Sünder, die Dein Gesetz verließen.
Besingenswert waren mir Deine Satzungen * am Ort meiner Pilgerschaft.
Ich gedachte nachts Deines Namens, Herr, * und habe Dein Gesetz bewahrt.
Dies ist mir geschehen, * da ich deine Satzungen erforscht habe.
(Hier wird kein Ehre sei dem Vater … gebetet.)

8. Strophe – Chet (VV. 57-64)

MEIN Anteil, Herr, * ich sagte es, ist halten Dein Gesetz.
Ich flehte zu Deinem Angesicht von meinem ganzen Herzen; * erbarme Dich meiner nach Deinem Wort!
Ich bedachte meine Wege * und lenkte meine Füße zu Deinen Zeugnissen.
Ich bin bereit und nicht verlegen, * Deine Gebote zu bewahren.
Die Stricke der Sünder haben mich umgarnt, * doch Dein Gesetz vergaß ich nicht.
Um Mitternacht erhob ich mich, um Dich zu preisen * für die Urteile Deiner Gerechtigkeit.
Ich nehme teil an allen, die Dich fürchten * und die Deine Gebote bewahren.
Von Deiner Barmherzigkeit, Herr, ist voll die Erde, * Deine Satzungen lehre mich!
Ehre sei dem Vater …

9. Strophe – Tet (VV. 65-72)

GÜTE hast Du geübt an Deinem Diener, Herr, * gemäß Deinem Wort.
Güte und Zucht und Erkenntnis lehre mich! * denn ich glaube an Deine Gebote.

67 Priúsquam humiliárer, ego delíqui, * prop-
térea elóquium tuum custodívi.
68 Bonus es tu, * et in bonitáte tua doce me iu-
stificatiónes tuas!
69 Multiplicáta est super me iníquitas super-
bórum; * ego autem in toto corde meo scru-
tábor mandáta tua.

70 Coagulátum est sicut lac cor eórum; * ego
vero legem tuam meditátus sum.
71 Bonum mihi, quia humiliásti me, * ut dis-
cam iustificatiónes tuas.
72 Bonum mihi lex oris tui * super mília auri
et argénti.

(Hic non dicitur Glória Patri ...)

Stropha X – Iod (vv. 73-80)

MANUS tuæ fecérunt me, et plasmavé-
runt me; * da mihi intelléctum! et dis-
cam mandáta tua.
74 Qui timent te, vidébunt me, et lætabún-
tur, * quia in verba tua supersperávi.

75 Cognóvi, Dómine, quia ǽquitas iudícia
tua, * et in veritáte tua humiliásti me.

76 Fiat misericórdia tua, ut consolétur me, *
secúndum elóquium tuum servo tuo.

77 Véniant mihi miseratiónes tuæ, et vivam, *
quia lex tua meditátio mea est.

78 Confundántur supérbi, quia iniúste iniqui-
tátem fecérunt in me; * ego autem exercébor
in mandátis tuis.

Bevor ich gedemütigt wurde, habe ich gesündigt; * deshalb habe ich Deinen Ausspruch bewahrt.
Gut bist Du, * und in Deiner Güte lehre mich Deine Satzungen!
Gemehrt hat sich das Unrecht der Hochmütigen gegen mich, * ich aber will mit meinem ganzen Herzen Deine Gebote erforschen.
Geronnen wie Milch ist ihr Herz, * ich aber sann nach über Dein Gesetz.
Gut ist es für mich, dass Du mich gedemütigt hast, * damit ich Deine Satzungen lerne.
Besser für mich ist das Gesetz Deines Mundes, * mehr als Tausende von Gold und Silber.

(Hier wird kein Ehre sei dem Vater ... gebetet.)

10. Strophe – Jod (VV. 73-80)

DEINE Hände haben mich gebildet und mich geformt, * gib mir Einsicht, dass ich lerne Deine Gebote!
Die Dich fürchten, werden mich sehen und sich freuen, * denn auf Deine Worte habe ich fest gehofft.
Ich habe erkannt, Herr, dass Deine Urteile Gerechtigkeit sind, * und in Deiner Wahrheit hast Du mich gedemütigt.
Deine Barmherzigkeit werde mir zuteil, um mich zu trösten, * gemäß Deinem Wort an Deinen Knecht.
Mögen über mich kommen Deine Erbarmungen, und ich werde leben, * denn Dein Gesetz ist meine Betrachtung.
Zuschanden werden sollen die Hochmütigen, denn zu Unrecht haben sie mir Böses getan; * ich aber übe mich in Deinen Geboten.

79 Convertántur mihi timéntes te, * et qui novérunt testimónia tua.
80 Fiat cor meum immaculátum in iustificatiónibus tuis, * ut non confúndar.
Glória Patri ...
Cetera vide p. 150

AD SEXTAM [sc. horam]

E psalmo 118

Meditatio verbi Domini in lege (cfr. v. 174b)

Lex enim Spiritus vitæ in Christo Iesu liberavit me a lege peccati et mortis. (Rom 8,2)

Stropha XI – Caph (vv. 81-88)

DEFÉCIT in salutáre tuum ánima mea; * et in verbum tuum supersperávi.

82 Defecérunt óculi mei in elóquium tuum, * dicéntes: «Quando consoláberis me?»

83 Quia factus sum sicut uter in pruína, * iustificatiónes tuas non sum oblítus.
84 Quot sunt dies servi tui? * quando fácies de persequéntibus me iudícium?

85 Narravérunt mihi iníqui fabulatiónes, * sed non ut lex tua.
86 Omnia mandáta tua véritas; * iníque persecúti sunt me, ádiuva me!
87 Paulo minus consummavérunt me in terra; * ego autem non derelíqui mandáta tua.
88 Secúndum misericórdiam tuam vivífica me! * et custódiam testimónia oris tui.

(Hic non dicitur Glória Patri ...)

Es sollen sich zu mir wenden, die Dich fürchten, * und die Deine Zeugnisse kannten.
Mein Herz werde makellos in Deinen Satzungen, * damit ich nicht zuschanden werde.
Ehre sei dem Vater ...
Das Weitere siehe S. 151

ZUR SEXT [= zur sechsten (Stunde)]

Aus Psalm 118

Meditation über des Herrn Wort im Gesetz

Denn das Gesetz des Geistes des Lebens in Christus JESUS hat mich von dem Gesetze der Sünde und des Todes frei gemacht. (Römer 8,2)

11. Strophe – Kaph (VV. 81-88)

ES schmachtet nach Deinem Heil meine Seele, * und auf Dein Wort habe ich sehr gehofft.
Es schmachten meine Augen nach Deinem Wort, * sie sagen: «Wann wirst Du mich trösten?»
Denn ich wurde wie ein Schlauch im Reif; * Deine Satzungen habe ich nicht vergessen.
Wie viele sind die Tage Deines Knechtes? * wann wirst Du Gericht halten über meine Verfolger?
Es erzählten mir die Frevler Fabeleien, * aber sie sind nicht wie Dein Gesetz.
All Deine Gebote sind Wahrheit, * zu Unrecht haben sie mich verfolgt, hilf mir!
Beinahe hätten sie mich auf Erden vertilgt, * ich aber habe Deine Gebote nicht verlassen.
Nach Deiner Barmherzigkeit belebe mich! * und ich will die Zeugnisse Deines Mundes bewahren.
(Hier wird kein Ehre sei dem Vater ... gebetet.)

Stropha XII – Lamed (vv. 89-96)

IN ætérnum, Dómine, * verbum tuum pér-
manet in cælo.
90 In generatiónem et generatiónem véritas
tua; * fundásti terram, et pérmanet.

91 Ordinatióne tua persevérat dies, * quóniam
ómnia sérviunt tibi.
92 Nisi quod lex tua meditátio mea est, * tunc
forte periíssem in humilitáte mea.

93 In ætérnum non oblivíscar iustificatiónes
tuas, * quia in ipsis vivificásti me.

94 Tuus sum ego; salvum me fac! * quóniam
iustificatiónes tuas exquisívi.
95 Me exspectavérunt peccatóres, ut pérde-
rent me; * testimónia tua intelléxi.

96 Omnis consummatiónis vidi finem; * latum
mandátum tuum nimis.
Glória Patri ...

Stropha XIII – Mem (vv. 97-104)

QUÓMODO diléxi legem tuam, Dómi-
ne? * – tota die meditátio mea est.
98 Super inimícos meos prudéntem me
fecísti mandáto tuo, * quia in ætérnum mihi
est.
99 Super omnes docéntes me intelléxi, * quia
testimónia tua meditátio mea est.

100 Super senes intelléxi, * quia mandáta tua
quæsívi.

101 Ab omni via mala prohíbui pedes meos, *

12. Strophe – Lamed (VV. 89-96)

IN Ewigkeit, Herr, * bleibt Dein Wort im Himmel.

Von Geschlecht zu Geschlecht Deine Wahrheit; * Du hast die Erde gegründet, und sie bleibt.

Durch Deine Anordnung bleibt der Tag, * denn alles dient Dir.

Wäre nicht Dein Gesetz meine Betrachtung, * dann wäre ich wohl zugrunde gegangen in meiner Erniedrigung.

In Ewigkeit will ich Deine Satzungen nicht vergessen, * denn durch sie hast Du mich belebt.

Dein bin ich, mache mich heil! * denn Deine Satzungen habe ich erforscht.

Auf mich lauerten Sünder, um mich zu verderben, * Deine Zeugnisse habe ich verstanden.

Von aller Vollendung sah ich die Grenze, * gar weit ist Dein Gebot.

Ehre sei dem Vater …

13. Strophe – Mem (VV. 97-104)

WIE liebte ich Dein Gesetz, Herr? * – den ganzen Tag ist es meine Betrachtung.

Mehr als meine Feinde hast Du mich weise gemacht durch Dein Gebot, * denn in Ewigkeit ist es mein.

Mehr als alle, die mich lehrten, habe ich Einsicht gewonnen, * denn Deine Zeugnisse sind meine Betrachtung.

Mehr als die Ältesten habe ich Einsicht gewonnen, * denn Deine Gebote habe ich gesucht.

Von jedem bösen Weg hielt ich zurück mei-

ut custódiam verba tua.
102 A iudíciis tuis non declinávi, * quia tu le-
gem posuísti mihi.
103 Quam dúlcia fáucibus meis elóquia tua! *
super mel ori meo.
104 A mandátis tuis intelléxi, * proptérea odívi
omnem viam iniquitátis.

(Hic non dicitur Glória Patri ...)

Stropha XIV – Nun (vv. 105-112)

LUCÉRNA pédibus meis verbum tuum, *
et lumen sémitis meis.
106 Iurávi, * et státui custodíre iudícia iustítiæ
tuæ.
107 Humiliátus sum usquequáque; * Dómine,
vivífica me secúndum verbum tuum!
108 Voluntária oris mei beneplácita fac, Dómi-
ne! * et iudícia tua doce me!

109 Anima mea in mánibus meis semper; * et
legem tuam non sum oblítus.
110 Posuérunt peccatóres láqueum mihi; * et
de mandátis tuis non errávi.
111 Hereditáte acquisívi testimónia tua in æ-
térnum, * quia exsultátio cordis mei sunt.

112 Inclinávi cor meum ad faciéndas iustifica-
tiónes tuas in ætérnum * propter retributió-
nem.
Glória Patri ...

Stropha XV – Samech (vv. 113-120)

INÍQUOS ódio hábui, * et legem tuam dilé-
xi.
114 Adiútor et suscéptor meus es tu, * et in

ne Füße, * damit ich Deine Worte bewahre.
Von Deinen Urteilen wich ich nicht ab, * denn Du gabst mir Dein Gesetz.
Wie süß sind meinem Gaumen Deine Aussprüche, * mehr als Honig meinem Mund!
Aus Deinen Geboten habe ich Einsicht gewonnen, * darum hasste ich jeden Weg der Ungerechtigkeit.

(Hier wird kein Ehre sei dem Vater ... gebetet.)

14. Strophe – Nun (VV. 105-112)

EINE Leuchte für meine Füße ist Dein Wort * und ein Licht für meine Pfade.
Ich habe geschworen * und beschlossen, die Urteile Deiner Gerechtigkeit zu bewahren.
Ich bin ganz und gar erniedrigt worden; * Herr, belebe mich nach Deinem Wort!
Was mein Mund freiwillig Dir verspricht, lass Dir wohlgefällig sein, Herr, * und Deine Rechtssprüche lehre mich!
Meine Seele ist stets in meinen Händen, * und Dein Gesetz habe ich nicht vergessen.
Es legten die Sünder mir eine Schlinge, * doch von Deinen Geboten irrte ich nicht ab.
Als Erbe erwarb ich Deine Zeugnisse auf ewig, * denn sie sind der Jubel meines Herzens.
Ich habe mein Herz dahin geneigt, Deine Satzungen auf immer zu erfüllen, * um der Vergeltung willen.
Ehre sei dem Vater ...

15. Strophe – Samech (VV. 113-120)

DIE Ungerechten hasste ich, * und Dein Gesetz habe ich geliebt.
Mein Helfer und meine Zuflucht bist Du, *

verbum tuum supersperávi.
115 Declináte a me, malígni! * et scrutábor mandáta Dei mei.
116 Súscipe me secúndum elóquium tuum! et vivam; * et non confúndas me ab exspectatióne mea.
117 Adiuva me! et salvus ero, * et meditábor in iustificatiónibus tuis semper.
118 Sprevísti omnes discedéntes a iudíciis tuis, * quia iniústa cogitátio eórum.
119 Prævaricántes reputávi omnes peccatóres terræ, * ídeo diléxi testimónia tua.
120 Confíge timóre tuo carnes meas! * a iudíciis enim tuis tímui.

(Hic non dicitur Glória Patri ...)

Stropha XVI – Ain (vv. 121-128)

FECI iudícium et iustítiam; * non tradas me calumniántibus me.

122 Súscipe servum tuum in bonum! * non calumniéntur me supérbi.
123 Oculi mei defecérunt in salutáre tuum * et in elóquium iustítiæ tuæ.

124 Fac cum servo tuo secúndum misericórdiam tuam! * et iustificatiónes tuas doce me!

125 Servus tuus sum ego; * da mihi intelléctum! ut sciam testimónia tua.
126 Tempus faciéndi, Dómine; * dissipavérunt legem tuam.
127 Ideo diléxi mandáta tua * super aurum et topázion.

und auf Dein Wort hoffte ich sehr.
Weichet von mir, ihr Bösen! * und ich will durchforschen die Gebote meines Gottes.
Nimm mich auf nach Deinem Wort! und ich werde leben, * und lass mich in meiner Erwartung nicht zuschanden werden.
Hilf mir! und ich werde heil sein, * und ich will stets nachsinnen über Deine Satzungen.
Du hast alle verworfen, die abirren von Deinen Urteilen, * denn unrecht ist ihr Denken.
Für Übertreter hielt ich alle Sünder des Landes, * darum liebte ich Deine Zeugnisse.
Durchbohre mein Fleisch mit der Furcht vor Dir! * denn vor Deinen Gerichten erschrak ich.

(Hier wird kein Ehre sei dem Vater ... gebetet.)

16. Strophe – Ajin (VV. 121-128)

ICH habe Recht und Gerechtigkeit geübt, * gib mich nicht denen preis, die mich verleumden!
Nimm auf Deinen Knecht zum Guten! * die Hochmütigen sollen mich nicht verleumden.
Meine Augen schmachten nach Deinem Heil * und nach dem Ausspruch Deiner Gerechtigkeit.
Handle an Deinem Knecht nach Deiner Barmherzigkeit, * und Deine Satzungen lehre mich!
Dein Knecht bin ich, * gib mir Einsicht, damit ich Deine Zeugnisse erkenne!
Zeit ist es, zu handeln, Herr, * zerstört haben sie Dein Gesetz.
Darum liebe ich Deine Gebote * mehr als Gold und Topas.

128 Proptérea ad ómnia mandáta tua dirigébar, * omnem viam iníquam ódio hábui.

Glória Patri ...
Cetera vide p. 150

AD NONAM [sc. horam]

E psalmo 118

Meditatio verbi Domini in lege (cfr. v. 174b)

Si testimonium hominum accipimus, testimonium Dei maius est; quoniam hoc est testimonium Dei, quod maius est, quoniam testificatus est de Filio suo. (1 Io 5,9)

Stropha XVII – Phe (vv. 129-136)

MIRABÍLIA testimónia tua; * ídeo scrutáta est ea ánima mea.
130 Declarátio sermónum tuórum illúminat, * et intelléctum dat párvulis.
131 Os meum apérui, et attráxi spíritum, * quia mandáta tua desiderábam.
132 Aspice in me! et miserére mei! * secúndum iudícium diligéntium nomen tuum.

133 Gressus meos dírige secúndum elóquium tuum! * et non dominétur mei omnis iniustítia.
134 Rédime me a calúmniis hóminum! * ut custódiam mandáta tua.

135 Fáciem tuam illúmina super servum tuum! * et doce me iustificatiónes tuas!
136 Exitus aquárum deduxérunt óculi mei, * quia non custodiérunt legem tuam.
(Hic non dicitur Glória Patri ...)

Darum habe ich mich hingewandt zu all Deinen Geboten, * jeden ungerechten Weg habe ich gehasst.
Ehre sei dem Vater ...
Das Weitere siehe S. 151

ZUR NON [= zur neunten (Stunde)]

Aus Psalm 118

Meditation über des Herrn Wort im Gesetz

Wenn wir das Zeugnis der Menschen annehmen, so ist das Zeugnis Gottes größer; denn dies ist das Zeugnis Gottes, welches größer ist, dass er Zeugnis gegeben hat von seinem Sohne. (1 Johannes 5,9)

17. Strophe – Phe (VV. 129-136)

WUNDERBAR sind Deine Zeugnisse; * darum hat meine Seele sie erforscht.
Die Erklärung Deiner Worte erleuchtet, * und sie gibt Einsicht den Kleinen.
Meinen Mund habe ich geöffnet und Atem geschöpft, * denn Deine Gebote ersehnte ich.
Schau auf mich und erbarme Dich meiner! * nach dem Urteil derer, die Deinen Namen lieben.
Meine Schritte leite nach Deinem Ausspruch! * und keinerlei Ungerechtigkeit soll über mich herrschen.
Erlöse mich von den Verleumdungen der Menschen! * damit ich Deine Gebote bewahre.
Dein Angesicht lass leuchten über Deinem Knecht, * und lehre mich Deine Satzungen!
Wasserbäche vergossen meine Augen, * weil sie Dein Gesetz nicht bewahrten.
(Hier wird kein Ehre sei dem Vater ... gebetet.)

Stropha XVIII – Sade (vv. 137-144)

IUSTUS es, Dómine; * et rectum iudícium tuum.

138 Mandásti iustítiam testimónia tua * et veritátem tuam nimis.

139 Tabéscere me fecit zelus meus, * quia oblíti sunt verba tua inimíci mei.

140 Ignítum elóquium tuum veheménter; * et servus tuus diléxit illud.

141 Adulescéntulus sum ego et contémptus, * iustificatiónes tuas non sum oblítus.

142 Iustítia tua, iustítia in ætérnum, * et lex tua véritas.

143 Tribulátio et angústia invenérunt me; * mandáta tua meditátio mea est.

144 Æquitas testimónia tua in ætérnum; * intelléctum da mihi! et vivam.

Glória Patri ...

Stropha XIX – Coph (vv. 145-152)

CLAMÁVI in toto corde meo: «Exáudi me, Dómine!» * iustificatiónes tuas requíram.

146 Clamávi ad te: «Salvum me fac!» * ut custódiam mandáta tua.

147 Prævéni in maturitáte, et clamávi, * quia in verba tua supersperávi.

148 Prævenérunt óculi mei ad te dilúculo, * ut meditárer elóquia tua.

149 Vocem meam audi secúndum misericórdiam tuam, Dómine! * et secúndum iudícium tuum vivífica me!

150 Appropinquavérunt persequéntes me iniquitáti, * a lege autem tua longe facti sunt.

18. Strophe – Zade (VV. 137-144)

GERECHT bist Du, Herr, * und recht ist Dein Urteil.

Du hast zur Gerechtigkeit Deine Zeugnisse geboten * und Deine Wahrheit gar sehr.

Verzehrt hat mich mein Eifer, * denn meine Feinde haben Deine Worte vergessen.

Sehr glühend ist Dein Wort, * und Dein Knecht hat es sehr geliebt.

Ein Jüngling bin ich und verachtet, * Deine Satzungen habe ich nicht vergessen.

Deine Gerechtigkeit ist Gerechtigkeit auf ewig, * und Dein Gesetz ist Wahrheit.

Trübsal u. Bedrängnisse fanden sich bei mir ein, * Deine Gebote sind meine Betrachtung.

Gerechtigkeit sind Deine Zeugnisse in Ewigkeit, * gib mir Einsicht! und ich werde leben.

Ehre sei dem Vater ...

19. Strophe – Koph (VV. 145-152)

ICH schrie aus meinem ganzen Herzen: «Erhöre mich, Herr!» * Deine Satzungen will ich erforschen.

Ich schrie zu Dir: «Mach mich heil!» * damit ich Deine Gebote bewahre.

Ich kam dem Morgen zuvor und schrie, * denn auf Deine Worte habe ich sehr gehofft.

Vorzeitig blickten meine Augen auf Dich beim Morgengrauen, * damit ich nachsinne über Deine Aussprüche.

Höre meine Stimme nach Deiner Barmherzigkeit, Herr, * und nach Deinem Urteil belebe mich!

Die mich verfolgten, näherten sich dem Unrecht, * von Deinem Gesetz haben sie sich weit entfernt.

151 Prope es tu, Dómine; * et omnes viæ tuæ
véritas.
152 Inítio cognóvi de testimóniis tuis, * quia in
ætérnum fundásti ea.

(Hic non dicitur Glória Patri ...)

Stropha XX – Res (vv. 153-160)

VIDE humilitátem meam! et éripe me! *
quia legem tuam non sum oblítus.

154 Iúdica iudícium meum! et rédime me! *
propter elóquium tuum vivífica me!
155 Longe a peccatóribus salus, * quia iustifi-
catiónes tuas non exquisiérunt.
156 Misericórdiæ tuæ multæ, Dómine; * se-
cúndum iudícium tuum vivífica me!

157 Multi, qui persequúntur me et tríbulant
me; * a testimóniis tuis non declinávi.

158 Vidi prævaricántes, et tabescébam, * quia
elóquia tua non custodiérunt.
159 Vide! quóniam mandáta tua diléxi, Dómi-
ne; * in misericórdia tua vivífica me!
160 Princípium verbórum tuórum véritas; * in
ætérnum ómnia iudícia iustítiæ tuæ.

Glória Patri ...

Stropha XXI – Sin (vv. 161-168)

PRÍNCIPES persecúti sunt me gratis; * et a
verbis tuis formidávit cor meum.

162 Lætábor ego super elóquia tua, * sicut qui
invénit spólia multa.

Nahe bist Du, Herr, * und all Deine Wege sind Wahrheit.
Von Anfang an habe ich von Deinen Zeugnissen erkannt, * dass Du sie in Ewigkeit begründet hast.
(Hier wird kein Ehre sei dem Vater … gebetet.)

20. Strophe – Resch (VV. 153-160)

SIEH an meine Niedrigkeit und rette mich! * denn Dein Gesetz habe ich nicht vergessen.
Fälle mein Urteil und erlöse mich, * um Deines Wortes willen belebe mich!
Fern ist von den Sündern das Heil, * denn Deine Satzungen haben sie nicht erforscht.
Zahlreich sind die Erweise Deiner Barmherzigkeit, Herr, * nach Deinem Urteil belebe mich!
Zahlreich sind, die mich verfolgen und bedrängen; * von Deinen Zeugnissen wich ich nicht ab.
Ich sah die Übertreter und verzehrte mich, * denn Deine Worte haben sie nicht bewahrt.
Siehe, da ich Deine Gebote liebte, Herr, * belebe mich in Deiner Barmherzigkeit!
Der Urgrund Deiner Worte ist die Wahrheit, * für ewig sind alle Urteile Deiner Gerechtigkeit.
Ehre sei dem Vater …

21. Strophe – Sin (VV. 161-168)

FÜRSTEN verfolgten mich umsonst, * und vor Deinen Worten erschauderte mein Herz.
Ich werde mich freuen über Deine Aussprüche * wie einer, der reiche Beute fand.

163 Iniquitátem ódio hábui, et abominátus sum, * legem autem tuam diléxi.
164 Sépties in die laudem dixi tibi * super iudícia iustítiæ tuæ.
165 Pax multa diligéntibus legem tuam, * et non est illis scándalum.
166 Exspectábam salutáre tuum, Dómine, * et mandáta tua diléxi.
167 Custodívit ánima mea testimónia tua, * et diléxit ea veheménter.
168 Servávi mandáta tua et testimónia tua, * quia omnes viæ meæ in conspéctu tuo.

(Hic non dicitur Glória Patri ...)

Stropha XXII – Tau (vv. 169-176)

APPROPÍNQUET deprecátio mea in conspéctu tuo, Dómine; * iuxta elóquium tuum da mihi intelléctum!
170 Intret postulátio mea in conspéctu tuo; * secúndum elóquium tuum éripe me!
171 Eructábunt lábia mea hymnum, * cum docúeris me iustificatiónes tuas.
172 Pronuntiábit lingua mea elóquium tuum, * quia ómnia mandáta tua ǽquitas.
173 Fiat manus tua, ut salvet me, * quóniam mandáta tua elégi.
174 Concupívi salutáre tuum, Dómine; * et lex tua meditátio mea est.
175 Vivet ánima mea, et laudábit te; * et iudícia tua adiuvábunt me.
176 Errávi sicut ovis, quæ périit; * quære servum tuum! quia mandáta tua non sum oblítus.
Glória Patri ...
Cetera vide p. 150

Ungerechtigkeit hasste ich und verabscheute sie, * doch Dein Gesetz liebte ich.
Siebenmal am Tag habe ich Dir Lob gesagt * für die Urteile Deiner Gerechtigkeit.
Großen Frieden haben, die Dein Gesetz lieben, * und nichts gibt ihnen Anstoß.
Ich erwartete Dein Heil, Herr, * und Deine Gebote liebte ich.
Meine Seele bewahrte Deine Zeugnisse * und liebte sie gar sehr.
Ich habe Deine Gebote und Deine Zeugnisse bewahrt, * denn all meine Wege sind vor Deinem Angesicht.

(Hier wird kein Ehre sei dem Vater ... gebetet.)

22. Strophe – Taw (VV. 169-176)

LASS nahen mein Flehen vor Dein Angesicht, Herr, * nach Deinem Wort gib mir Einsicht!
Mein Verlangen trete hin vor Dein Angesicht, * nach Deinem Wort errette mich!
Meine Lippen werden ausbrechen in Lobgesang, * wenn Du mich Deine Satzungen lehren wirst. — Meine Zunge soll vortragen Deinen Ausspruch, * denn all Deine Gebote sind Gerechtigkeit. — Deine Hand soll mich retten,* denn Deine Gebote habe ich erwählt.
Ich begehrte Dein Heil, Herr, * und Dein Gesetz ist meine Betrachtung.
Meine Seele wird leben und Dich loben, * und Deine Urteile werden mir helfen.
Ich irrte umher wie ein verlorenes Schaf, * suche Deinen Knecht! denn Deine Gebote habe ich nicht vergessen.
Ehre sei dem Vater ...

Das Weitere s. S. 151

TRIDUO SACRO

ANTE PASCHA

Matutinas B. V. MARIÆ et reliquas horas his tribus diebus [nempe feria V in Cena Domini et biduo subsequenti], nihilominus cum Deus, in adiutórium … et Glória Patri, SALVE, SANCTA PARENS, et ceteris omnibus more solito complemus. – Verum ad Tertiam, Sextam et Nonam dicuntur psalmi ut infra.

Psalmodia per triduum sacrum

Ad Primam, ut supra, vide p. 108
Ad Tertiam, ut infra
Ad Sextam, vide p. 142
Ad Nonam, vide p. 146

AD TERTIAM [sc. horam]

Psalmus 119

Desiderium pacis

In tribulatione patientes, orationi instantes. (Rom 12,12b)

AD Dóminum, cum tribulárer, clamávi; * et exaudívit me.
2 Dómine, líbera ánimam meam a lábiis iníquis * et a lingua dolósa!
3 Quid detur tibi, aut quid apponátur tibi * ad linguam dolósam?
4 Sagíttæ poténtis acútæ * cum carbónibus desolatóriis.
5 Heu mihi, quia incolátus meus prolongátus est, * habitávi cum habitántibus Cedar; * 6multum íncola fuit ánima mea.

7 Cum his, qui odérunt pacem, eram pacíficus; * cum loquébar illis, impugnábant me gratis.

WÄHREND DER HL. DREI TAGE

VOR OSTERN

Die Metten der Seligen Jungfrau MARIA und die übrigen Stunden verrichten wir an diesen drei Tagen [nämlich Gründonnerstag und den beiden folgenden] trotzdem mit Deus, in adiutórium .../O Gott, komm ... und Glória Patri/Ehre sei dem Vater, SALVE, SANCTA PARENS/SEI GEGRÜSST, HEILIGE MUTTER und allem weiteren auf gewohnte Weise. – Zur Terz, Sext und Non aber werden die Psalmen wie unten gebetet.

Psalmengesang während des hl. Triduums

Zur Prim, wie oben, S. 109

Zur Terz, wie unten

Zur Sext, siehe S. 143

Zur Non, siehe S. 146

ZUR TERZ [= zur dritten (Stunde)]

Psalm 119

Sehnsucht nach Frieden

In der Trübsal geduldig, im Gebete beharrlich. (Röm 12,12b)

ZUM Herrn habe ich, da ich bedrängt war, geschrien, * und er hat mich erhört.

Herr, befreie meine Seele von ungerechten Lippen * und von der trügerischen Zunge!

Was gibt man dir, oder was wird dir hinzugefügt * zur trügerischen Zunge?

Scharfe Pfeile eines Mächtigen * mit zerstörerischen Kohlen.

Wehe mir, denn meine Verbannung ist verlängert worden, * ich wohnte bei den Einwohnern Kedars; * zum Fremdling geworden ist meine Seele gar sehr.

Mit denen, die den Frieden hassten, war ich friedlich; * als ich zu ihnen sprach, bekämpften sie mich ohne Grund.

Glória Patri ...

Psalmus 120

Custos populi

«Non esurient, neque sitient amplius, nec cadet super illos sol neque ullus æstus». (Apc 7,16)

LEVÁVI óculos meos in montes, * unde véniet auxílium mihi.
2 Auxílium meum a Dómino, * qui fecit cælum et terram.
3 Non det in commotiónem pedem tuum, * neque dormítet, qui custódit te.
4 Ecce non dormitábit, neque dórmiet, * qui custódit Israel.
5 Dóminus custódit te; * Dóminus protéctio tua super manum déxteram tuam.
6 Per diem sol non uret te, * neque luna per noctem.
7 Dóminus custódit te ab omni malo; * custódiat ánimam tuam Dóminus.
8 Dñs custódiat intróitum tuum et éxitum tuum * ex hoc nunc et usque in sæculum.
Glória Patri ...

Psalmus 121

Civitas sancta Ierusalem

Sed accessistis ad Sion montem et civitatem Dei viventis, Ierusalem cælestem. (Heb 12,22a)

LÆTÁTUS sum in his, quæ dicta sunt mihi: * «In domum Dómini íbimus».

2 Stantes erant pedes nostri * in átriis tuis, Ierúsalem.
3 Ierúsalem, quæ ædificátur ut cívitas, * cuius participátio eius in idípsum.

Ehre sei dem Vater …

Psalm 120

Der Wächter des Volkes

«Sie werden nicht mehr hungern noch dürsten, es wird sie nicht mehr die Sonne treffen noch irgendeine Glut.»
(Apokalypse/Offenbarung 7,16)

ICH erhebe meine Augen zu den Bergen, * von wo mir Hilfe kommt.

Meine Hilfe kommt vom Herrn, * der Himmel und Erde erschaffen hat.

Er lässt nicht wanken deinen Fuß * und nicht schläfrig wird, der dich bewacht.

Siehe, er wird nicht schlummern und nicht schlafen, * der Israel behütet.

Der Herr behütet dich, * der Herr ist dein Schutz mehr als deine rechte Hand.

Bei Tag wird die Sonne dich nicht verbrennen, * noch der Mond bei Nacht.

Der Herr behütet dich vor allem Übel, * behüten möge deine Seele der Herr.

Der Herr behüte deinen Eingang und deinen Ausgang * von nun an und bis in Ewigkeit.

Ehre sei dem Vater …

Psalm 121

Jerusalem, die heilige Stadt

Vielmehr seid ihr hinzugetreten zu dem Berge Sion und zu der Stadt des lebendigen Gottes, dem himmlischen Jerusalem. (Hebräer 12,22a)

ICH freute mich an dem, was man mir sagte: * «Zum Haus des Herrn wollen wir gehen.»

Es standen unsere Füße * in deinen Höfen, Jerusalem.

Jerusalem, das gebaut ist wie eine Stadt, * die sich zur Gemeinschaft zusammenfügt.

4 Illuc enim ascendérunt tribus, tribus Dómi-
ni; * testimónium Israel ad confiténdum nó-
mini Dómini.
5 Quia illic sedérunt sedes in iudício, * sedes
super domum David.
6 Rogáte! quæ ad pacem sunt Ierúsalem, * et
abundántia diligéntibus te.
7 Fiat pax in virtúte tua * et abundántia in túr-
ribus tuis.
8 Propter fratres meos et próximos meos * lo-
québar pacem de te.
9 Propter domum Dómini Dei nostri * quæ-
sívi bona tibi.
Glória Patri ...

Cetera vide p. 150

AD SEXTAM [sc. horam]

Psalmus 122

Dominus fiducia populi

Duo cæci ... clamaverunt, dicentes: «Domine, miserere nostri, fili David!» (Mt 20,30)

AD te levávi óculos meos, * qui hábitas in
cælis.
2a Ecce sicut óculi servórum * in mánibus do-
minórum suórum.
2b Sicut óculi ancíllæ in mánibus dóminæ su-
æ, * ita óculi nostri ad Dóminum Deum nos-
trum, donec misereátur nostri.

3 Miserére nostri, Dómine! miserére nostri! *
quia multum repléti sumus despectióne.
4 Quia multum repléta est ánima nostra; * op-
próbrium abundántibus et despéctio supér-
bis.
Glória Patri ...

Denn dort hinauf zogen die Stämme, die Stämme des Herrn, * als Zeugnis für Israel, um den Namen des Herrn zu preisen.
Denn dort standen die Throne zum Gericht, * die Throne für das Haus David.
Erbittet das, was Jerusalem zum Frieden dienet! * und Überfluss für alle, die dich lieben.
Friede sei in deiner Festung * und Überfülle in deinen Türmen.
Um meiner Brüder und meiner Nächsten willen * sprach ich Frieden von dir.
Um des Hauses des Herrn, unseres Gottes, willen * habe ich Gutes für dich begehrt.
Ehre sei dem Vater …

Das Weitere siehe S. 151

ZUR SEXT [= zur sechsten (Stunde)]

Psalm 122

Der Herr, die Zuversicht des Volkes

Zwei Blinde … riefen laut, indem sie sprachen: «Herr, erbarme Dich unser, Sohn Davids!» (Matthäus 20,30)

ZU Dir erhob ich meine Augen, * der Du im Himmel wohnst.
Siehe, wie die Augen der Knechte * auf die Hände ihrer Herren.
Wie die Augen der Magd auf die Hände ihrer Herrin, * so schauen unsere Augen auf den Herrn, unseren Gott, bis er sich unser erbarmt.
Erbarme Dich unser, Herr, erbarme Dich unser! * denn ganz voll sind wir von Verachtung.
Denn übervoll ist unsere Seele; * Schmach sei denen, die im Überfluss leben, und Verachtung den Hochmütigen.
Ehre sei dem Vater …

Psalmus 123

Adiutorium nostrum in nomine Domini (v. 8a)

Dixit autem Dñs … Paulo: «Noli timere! … propter quod ego
sum tecum». (Act 18,9a.10a)

NISI quia Dóminus erat in nobis», dicat
nunc Israel, * 2a «nisi quia Dóminus erat
in nobis.
2b Cum exsúrgerent hómines in nos, * 3a forte
vivos deglutíssent nos.
3b Cum irascerétur furor eórum in nos, * 4 fór-
sitan aqua absorbuísset nos.
5 Torréntem pertransívit ánima nostra, * fór-
sitan pertransísset ánima nostra aquam into-
lerábilem.
6 Benedíctus Dóminus, * qui non dedit nos in
captiónem déntibus eórum.
7a Anima nostra sicut passer erépta est * de lá-
queo venántium.
7b Láqueus contrítus est, * et nos liberáti su-
mus.
8 Adiutórium nostrum in nómine Dómini, *
qui fecit cælum et terram».
Glória Patri …

Psalmus 124

Dominus custos populi sui

Pax … super Israel Dei. (Gal 6,16b)

QUI confídunt in Dómino, sicut mons Si-
on: * non commovébitur in ætérnum,
qui hábitat 2a in Ierúsalem.
2b Montes in circúitu eius; * et Dóminus in
circúitu pópuli sui ex hoc nunc et usque in
sǽculum.
3 Quia non relínquet Dóminus virgam pecca-
tórum super sortem iustórum, * ut non ex-
téndant iusti ad iniquitátem manus suas.

Psalm 123

Unsere Hilfe ist im Namen des Herrn (V. 8a)

Der Herr aber sprach … zu Paulus: «Fürchte dich nicht! …; denn ich bin mit dir.» (Apostelgeschichte 18,9a.10a)

WÄRE nicht der Herr mit uns gewesen», so sage nun Israel, * «wäre nicht der Herr mit uns gewesen.

Als Menschen sich gegen uns erhoben, * dann hätten sie uns wohl lebendig verschlungen.

Als ihr Zorn gegen uns wütete, * hätte wohl Wasser uns fortgerissen.

Einen reißenden Strom durchschritt unsere Seele; * wohl hätte unsere Seele unerträgliches Wasser durchschritten.

Gepriesen sei der Herr, * der uns nicht ihren Zähnen zur Beute gab.

Unsere Seele ist errettet wie ein Sperling * aus der Schlinge der Jäger.

Die Schlinge ist zerrissen, * und wir wurden befreit.

Unsere Hilfe ist im Namen des Herrn, * der Himmel und Erde erschaffen hat.»

Ehre sei dem Vater …

Psalm 124

Der Herr ist der Hüter seines Volkes

Friede … über das Israel Gottes. (Galater 6,16b)

DIE auf den Herrn vertrauen, sind wie der Berg Sion: * nicht wanken wird in Ewigkeit, wer wohnt in Jerusalem.

Berge sind rings um es, * und der Herr ist rings um sein Volk, von nun an und bis in Ewigkeit.

Denn nicht lassen wird der Herr die Rute der Sünder auf dem Erbteil der Gerechten, * auf dass die Gerechten ihre Hände nicht aus-

4 Bénefac, Dómine, * bonis et rectis corde!

5 Declinántes autem in obligatiónes addúcet Dóminus cum operántibus iniquitátem; * pax super Israel!
Glória Patri ...
Cetera vide p. 150

AD NONAM [sc. horam]

Psalmus 125

Gaudium et spes in Domino

Sicut socii passionum estis, sic eritis et consolationis.
(2 Cor 1,7b)

IN converténdo Dóminus captivitátem Si-on * facti sumus sicut consoláti.
2a Tunc replétum est gáudio os nostrum * et
lingua nostra exsultatióne.
2b Tunc dicent inter gentes: * «Magnificávit
Dóminus fácere cum eis».
3 Magnificávit Dóminus fácere nobíscum; *
facti sumus lætántes.
4 Convérte, Dómine, captivitátem nostram! *
sicut torrens in austro.
5 Qui séminant in lácrimis, * in exsultatióne
metent.
6a Eúntes ibant, et flebant, * mitténtes sémina
sua.
6b Veniéntes autem vénient cum exsultatióne, * portántes manípulos suos.
Glória Patri ...

strecken zur Ungerechtigkeit.
Tu Gutes, Herr, * den Guten und denen, die aufrichtigen Herzens sind!
Die sich aber abwenden in Verstrickungen, wird der Herr zusammenführen mit denen, die Unrecht tun; * Friede über Israel!
Ehre sei dem Vater …
Das Weitere siehe S. 151

ZUR NON [= zur neunten (Stunde)]

Psalm 125

Freude und Hoffnung im Herrn

Wie ihr Teilhaber der Leiden seid, so werdet ihr es auch des Trostes sein. (2 Korinther 1,7b)

ALS der Herr die Gefangenschaft Sions wendete, * wurden wir wie Getröstete.
Da war voll Freude unser Mund * und unsere Zunge voll Frohlocken.
Dann wird man sagen unter den Völkern: * «Großes hat der Herr an ihnen getan.»
Großes hat der Herr an uns getan, * wir sind froh geworden.
Wende, Herr, unsere Gefangenschaft! * wie ein Sturzbach im Süden.
Die in Tränen säen, * werden mit Frohlocken ernten.
Die Gehenden gingen und weinten, * ihre Samen ausstreuend.
Die Kommenden aber werden kommen mit Frohlocken, * ihre Garben tragend.
Ehre sei dem Vater …

Psalmus 126

Vanus labor sine Domino

Dei ædificatio estis. (1 Cor 3,9c)

NISI Dóminus ædificáverit domum, * in vanum laboravérunt, qui ædíficant eam.

1c Nisi Dóminus custodíerit civitátem, * frustra vígilat, qui custódit eam.
2a Vanum est vobis ante lucem súrgere; * súrgite! postquam sedéritis, qui manducátis panem dolóris.

2b Cum déderit diléctis suis somnum, * 3 ecce heréditas Dómini, fílii, * merces, fructus ventris.
4 Sicut sagíttæ in manu poténtis, * ita fílii excussórum.
5 Beátus vir, qui implévit desidérium suum ex ipsis: * non confundétur, cum loquétur inimícis suis in porta.
Glória Patri ...

Psalmus 127

Pax domestica in Domino

«Benedicat te Dominus ex Sion» (v. 5a), id est: ex Ecclesia sua. (Arnobius)

BEÁTI omnes, qui timent Dóminum, * qui ámbulant in viis eius.
2 Labóres mánuum tuárum quia manducábis; * beátus es, et bene tibi erit.

3a Uxor tua sicut vitis abúndans * in latéribus domus tuæ.
3b Fílii tui sicut novéllæ olivárum * in circúitu mensæ tuæ.

Psalm 126

Nutzloses Bemühen ohne den Herrn

Gottes Bau seid ihr. (1 Korinther 3,9c)

WENN nicht der Herr das Haus baute, * dann mühten sich jene, die es bauen, umsonst.
Wenn nicht der Herr die Stadt bewachte, * dann wachte der, der sie bewacht, vergeblich.
Umsonst ist es für euch, euch vor dem Tageslicht zu erheben; * steht nur auf, nachdem ihr euch gesetzt habt, die ihr das Brot der Schmerzen esst!
Während er seinen Lieblingen Schlaf gab, * siehe, das Erbe des Herrn sind Söhne, * ein Lohn die Frucht des Leibes.
Wie Pfeile in der Hand eines Mächtigen, * so sind die Söhne der Vertriebenen.
Selig der Mann, der sein Verlangen an ihnen erfüllt, * er wird nicht zuschanden werden, wenn er spricht mit seinen Feinden im Tor.
Ehre sei dem Vater …

Psalm 127

Häuslicher Friede im Herrn

«Es segne dich der Herr von Sion aus» (V. 5a), das heißt: von seiner Kirche aus. (Arnobius)

SELIG alle, die fürchten den Herrn, * die wandeln auf seinen Wegen.
Denn was deine Hände erarbeitet, wirst du genießen; * selig bist du, und gut wird es dir gehen.
Deine Frau gleicht einem üppigen Weinstock * an den Wänden deines Hauses.
Deine Söhne sind wie junge Ölbäume * rings um deinen Tisch.

4 Ecce sic benedicétur homo, * qui timet Dóminum.
5 Benedícat tibi Dóminus ex Sion, * et vídeas bona Ierúsalem ómnibus diébus vitæ tuæ.

6 Et vídeas fílios filiórum tuórum, * pacem super Israel.
Glória Patri ...
Cetera ut infra

Ad omnes horas minores

Antiphona extra Septuagesimam (Ps 104,1a; Apc 19,1b.3b.4c.6b)
Allelúia.
In Septuagesima vero dicitur (cfr. 1 Tim 1,17a)
Laus tibi, Dómine, Rex ætérnæ glóriæ.

Capitula [TL]

AD PRIMAM (Eccli 24,24-25)

EGO mater pulchræ dilectiónis et timóris et agnitiónis et sanctæ spéi ⁊ 25 in me grátia omnis viæ ét veritátis : in me omnis spes vitæ ét virtútis.

℟. Déo grátias.
Responsorium parvum [t. 6] (Lc 1,28b)
Hic † accipimus veniam.
℟. Ave, MARÍA, grátia plena. †

℟. Ave, MARÍA, grátia plena.
℣. Dóminus tecum. ℟. Ave, MARÍA, grátia ...
℣. Glória Patri et Fílio et Spirítui Sancto.
℟. Ave, MARÍA, grátia plena.

Siehe, so wird der Mensch gesegnet, * der den Herrn fürchtet.

Es segne dich der Herr von Sion aus, * und schauen sollst du die Güter Jerusalems alle Tage deines Lebens.

Und sehen sollst du die Kinder deiner Kinder, * den Frieden über Israel.

Ehre sei dem Vater …

Das Weitere wie unten

Für alle kleinen Horen

Antiphon außerhalb der Vorfasten- u. Fastenzeit (Psalm 104,1a; Apokalypse 19,1b.3b.4c.6b)

Alleluja.

In der Vorfasten- und Fastenzeit aber heißt es

Lob sei Dir, Herr, König der ewigen Herrlichkeit. (vgl. 1 Timotheus 1,17a)

Kapitel [= Abschnitte (einer Kurzlesung)]

ZUR PRIM (Kirchenbuch/Sirach 24,24-25)

ICH bin die Mutter der schönen Liebe und der Furcht, der Erkenntnis und der heiligen Hoffnung; bei mir ist alle Gnade des Wandels und der Wahrheit, bei mir alle Hoffnung des Lebens und der Tugend.

℟. Dank sei Gott.

Kleiner Antwortgesang (Lukas 1,28b)

Hier † nehmen wir Veniam.

℟. Gegrüßet seist du, MARIA, voll der Gnade. †

℟. Gegrüßet seist du, MARIA, voll der Gnade.

℣. Der Herr ist mit dir. ℟. Gegrüßet seist …

℣. Ehre sei dem Vater und dem Sohn(e) und dem Heiligen Geist(e). ℟. Gegrüßet …

Versiculus ([1]Lc 1,28c.[2]42b)

℣. [1]Benedícta tu in muliéribus.

℟. [2]Et benedíctus fructus ventris tui.

Orationem vide p. 154

AD TERTIAM (Eccli 24,11b-12)

IN ómnibus réquiem quæsívi : et in heredi-
táte Dómini morábor † [12]tunc præcépit,
et dixit mihi Creátor ómnium : et qui creávit
me, requiévit in tabernáculo meo.

℟. Deo grátias.

Responsorium parvum [t. 6] ([1]Lc 1,28c.[2]42b)

℟. [1]Benedícta tu in muliéribus.

℟. Benedícta tu in muliéribus.

℣. [2]Et benedíctus fructus ventris tui.

℟. Benedícta tu in muliéribus.

℣. Glória Patri et Fílio et Spirítui Sancto.

℟. Benedícta tu in muliéribus.

Versiculus (Ps 44,3b)

℣. Diffúsa est grátia in lábiis tuis.

℟. Proptérea benedíxit te Deus in ætérnum.

Ad orationem vide p. 154

AD SEXTAM (Eccli 24,15)

ET sic in Sion firmáta sum, et in civitáte sanctificáta simíliter requiévi : et in Ierúsalem potéstas mea.

℟. Deo grátias.

Responsorium parvum [t. 6] (Ps 44,3b)

℟. Diffúsa est grátia in lábiis tuis.

℟. Diffúsa est grátia in lábiis tuis.

℣. Proptérea benedíxit te Deus in ætérnum.

℟. Diffúsa est grátia in lábiis tuis.

℣. Glória Patri et Fílio et Spirítui Sancto.

Versikel (¹Lukas 1,28c.²42b)

℣. [1]Du bist gebenedeit unter den Frauen.

℟. [2]Und gebenedeit ist die Frucht deines Leibes.

Die Oration (= das Gebet) siehe S. 155

ZUR TERZ (Kirchenbuch/Sirach 24,11b-12)

IN allen suchte ich einen Ruheort, und in dem Erbteil des Herrn will ich weilen; da gebot und sprach zu mir der Schöpfer von allem, und der mich geschaffen, ruhte in meinem Zelte.

℟. Dank sei Gott.

Kleiner Antwortgesang (¹Lukas 1,28c.²42b)

℟. [1]Du bist gebenedeit unter den Frauen.

℟. Du bist gebenedeit unter den Frauen.

℣. [2]Und gebenedeit ist die Frucht deines Leibes. ℟. Du bist gebenedeit unter …

℣. Ehre sei dem Vater und dem Sohn(e) und dem Heiligen Geist(e). ℟. Du bist …

Versikel (Psalm 44,3b)

℣. Anmut ist ausgegossen über deine Lippen.

℟. Darum hat Gott dich für immer gesegnet.

Für die Oration (= das Gebet) siehe S. 155

ZUR SEXT (Kirchenbuch/Sirach 24,15)

UND so wurde ich in Sion befestigt, und in der geheiligten Stadt ruhte ich gleicherweise, und in Jerusalem war mein Machtbereich.

℟. Dank sei Gott.

Kleiner Antwortgesang (Psalm 44,3b)

℟. Anmut ist ausgegossen über deine Lippen.

℟. Anmut ist ausgegossen über deine Lippen.

℣. Darum hat Gott dich für immer gesegnet. ℟. Anmut ist ausgegossen über deine …

℣. Ehre sei dem Vater und dem Sohn(e) und

℟. Diffúsa est grátia in lábiis tuis.

Versiculus (Ps 44,5a)

℣. Spécie tua et pulchritúdine tua.

℟. Inténde! próspere procéde! et regna!

Ad orationem vide infra.

AD NONAM (Eccli 24,16)

ET radicávi in pópulo honorificáto ✝ et in parte Dei mei heréditas illíus : et in plenitúdine sanctórum deténtio mea.

℟. Déo grátias.

Responsorium parvum [t. 6] (Ps 44,5a)

℟. Spécie tua et pulchritúdine tua.

℟. Spécie tua et pulchritúdine tua.

℣. Inténde! próspere procéde! et regna!

℟. Spécie tua et pulchritúdine tua.

℣. Glória Patri et Fílio et Spirítui Sancto.

℟. Spécie tua et pulchritúdine tua.

Versiculus (Ps 44,15b)

℣. Adducéntur Regi vírgines.

℟. Post eam próximæ eius afferéntur tibi.

Orationes [TL]

Versiculus (Ps 101,2)

℣. Dómine, exáudi oratiónem méam ✝

℟. Et clamor meus ad te véniat ✝

Monitio ad orationem

Orémus ✝

AD PRIMAM

DEUS, qui de beátæ MARÍÆ Vírginis útero Verbum tuum, Angelo nuntiánte, carnem suscípere voluísti : præsta supplícibus túis ✝ ut qui vere eam Genetrícem Dei crédimus : eius apud te intercessiónibus ádiuvé-

dem Heiligen Geist(e). ℟. Anmut ist …

Versikel (Psalm 44,5a)

℣. In deiner Anmut und deiner Schönheit.

℟. Merke auf, tritt glücklich hervor und herrsche!

Für die Oration (= das Gebet) siehe unten.

ZUR NON (Kirchenbuch/Sirach 24,16)

UND ich schlug Wurzel in einem geehrten Volk; und im Anteil meines Gottes ist dessen Erbteil; und in der Vollzahl der Heiligen ist mein Aufenthalt.

℟. Dank sei Gott.

Kleiner Antwortgesang (Psalm 44,5a)

℟. In deiner Anmut und deiner Schönheit.

℟. In deiner Anmut und deiner Schönheit.

℣. Merke auf, tritt glücklich hervor und herrsche! ℟. In deiner Anmut und …

℣. Ehre sei dem Vater und dem Sohn(e) und dem Heiligen Geist(e). ℟. In deiner …

Versikel (Psalm 44,15b)

℣. Jungfrauen führt man zum König.

℟. Nach ihr wird ihr Gefolge zu Dir gebracht.

Orationen (= Gebete)

Versikel (Psalm 101,2)

℣. Herr, erhöre mein Gebet!

℟. Und lass mein Rufen zu Dir kommen.

Aufforderung zur Oration (= Gebet)

Lasset uns beten.

ZUR PRIM

O GOTT, Du wolltest auf die Botschaft des Engels hin Dein Wort aus dem Schoß der Seligen Jungfrau MARIA Fleisch annehmen lassen; gewähre Deinen Schutzflehenden, dass wir durch ihre Fürsprache

mur. Per eúndem Dóminum ...

AD TERTIAM

CONCÉDE nos fámulos tuos, quǽsumus, Dómine Deus, perpétua mentis et córporis prosperitáte gaudére ⁊ et gloriósa beátæ MARÍÆ semper Vírginis intercessióne, a præsénti liberári tristítia : et ætérna pérfrui lætítia. Per Dóminum nostrum ...

AD SEXTAM

CONCÉDE, miséricors Deus, fragilitáti nostræ subsídium ⁊ ut, qui sanctæ Dei Genetrícis memóriam ágimus : intercessiónis eius auxílio a nostris iniquitátibus resurgámus. Per eúndem Dóminum nostrum ...

AD NONAM

OMNÍPOTENS Deus, nos fámulos tuos déxtera poténtiæ tuæ a cunctis prótege perículis ⁊ et beáta MARÍA semper Vírgine intercedénte : fac nos præsénti gaudére prosperitáte et futúra. Per Dóminum nostrum ...

Ad omnes horas minores

Orationis conclusio (cfr. Io 14,13a; [1]Rom 15,30b; Ids 25b)

[1]Per (eúndem) Dóminum nostrum IESUM Christum' Fílium tuum ⁊ qui tecum vivit et regnat in unitáte Spíritus Sancti, Deus : per ómnia sǽcula sæculórum ⁊

Acclamatio (Dt 27,15c)

℟. Amen.

bei Dir Hilfe erfahren, die wir glauben, dass sie wahrhaft Gottesgebärerin ist. Durch ihn ..

ZUR TERZ

VERLEIHE uns, Deinen Dienern, so bitten wir, o Herr-Gott, dass wir uns beständigen Glückes der Seele und des Leibes erfreuen und auf die glorreiche Fürsprache der Seligen, immerwährenden Jungfrau MARIA von der gegenwärtigen Trübsal befreit werden und die ewige Freude genießen. Durch ...

ZUR SEXT

GEWÄHRE, barmherziger Gott, unserer Schwachheit Unterstützung; da wir das Gedächtnis der heiligen Gottesgebärerin begehen, lass uns durch die Hilfe ihrer Fürsprache von unseren Sünden auferstehen. Durch ihn, unseren Herrn ...

ZUR NON

ALLMÄCHTIGER Gott, mit der Rechten Deiner Macht beschirme uns, Deine Diener, vor allen Gefahren und bewirke auf die Fürbitte der Seligen, immerwährenden Jungfrau MARIA, dass wir uns des gegenwärtigen wie des zukünftigen Glückes erfreuen. Durch unseren Herrn ...

Für alle kleinen Horen

Schlussformel des Gebets (vgl. Johannes 14,13a; [1]Römer 15,30b; Judas 25b)

[1]Durch (ihn,) unseren Herrn JESUS Christus', Deinen Sohn, der mit Dir lebt und regiert in der Einheit des Heiligen Geistes, Gott von Ewigkeit zu Ewigkeit.

Zuruf (Deuteronomium 27,15c)

℟. Amen.

Versiculus [TL] (Ps 101,2)

℣. Dómine, exáudi oratiónem meam

℟. Et clamor meus ad te veniat

Versiculus ([1]Idt 7,16b; [2]cfr. 2 Cor 9,15)

℣. [1]Benedicámus Dómino

℟. [2]Deo grátias

Hic post Primam vel Tertiam sequitur officium Missæ beatæ Virginis MARIÆ

— in adventu Domini, vide p. 198,

— extra adventum vero, vide p. 208.

Versiculus pro animabus in purgatorio cruciatus patientibus ([1]cfr. Ps 4,9c.[2]a; [3]Dt 27,15c; 1 Cor 14,16b; 2 Cor 1,20b)

℣. Animæ ómnium fidélium defunctórum per misericórdiam Dei [1]requiéscant [2]in pace

℟. [3]Amen.

Antiphona mariana [t. 1] ([1]cfr. Gn 4,14b; [2]3,20; [3]Ps 83,7a; [4]Lc 1,42c)
Hic † accipimus veniam.

SALVE, Regína misericórdiæ! † vitæ dulcédo et spes nostra, salve! Ad te clamámus, [1]éxsules [2]fílii Evæ'. Ad te suspirámus, geméntes et flentes in hac [3]lacrimárum valle'. Eia ergo, advocáta nostra, illos tuos misericórdes óculos ad nos convérte! Et IESUM [4]benedíctum fructum ventris tui' nobis post hoc exsílium osténde benígnum! O clemens, o pia, o dulcis MARÍA! †

Versiculus [TL] (Lc 1,28b)
Hic † accipimus veniam.

℣. Ave, MARÍA, grátia plena †

℟. Dóminus tecum

Versikel (Psalm 101,2)

℣. Herr, erhöre mein Gebet!

℟. Und lass mein Rufen zu Dir kommen.

Versikel ([1]Judith 7,16b; [2]vgl. 2 Korinther 9,15)

℣. [1]Lasset uns preisen den Herrn.

℟. [2]Dank sei Gott.

Hier folgt nach der Prim bzw. Terz das Offizium der Messe von der Seligen Jungfrau MARIA

— im Advent des Herrn, siehe S. 199,

— außerhalb des Advents aber, siehe S. 209.

Versikel für die im Fegefeuer leidenden Seelen ([1]vgl. Psalm 4,9c.[2]a; [3]Deuteronomium 27,15c; 1 Korinther 14,16b; 2 Korinther 1,20b)

℣. Die Seelen aller verstorbenen Gläubigen mögen durch die Barmherzigkeit Gottes [1]ruhen [2]in Frieden.

℟. [3]Amen.

Antiphon zur Seligen Jungfrau MARIA

Hier † nehmen wir Veniam.

SEI gegrüßt, o Königin der Barmherzigkeit, † des Lebens Wonne und unsere Hoffnung, sei gegrüßt. Zu dir rufen wir verbannte Kinder Evas, zu dir seufzen wir trauernd und weinend in diesem Tal der Tränen. Wohlan denn, unsere Fürsprecherin, wende deine barmherzigen Augen uns zu, und nach diesem Elend zeige uns JESUS, die gebenedeite Frucht deines Leibes, als gnädigen (Heiland)! O gütige, o milde, o süße MARIA! †

Versikel (Lukas 1,28b)

Hier † nehmen wir Veniam.

℣. Gegrüßet seist du, MARIA, voll der Gnade! †

℟. Der Herr ist mit dir.

Monitio ad orationem [TL]

Orémus ⁊

Oratio de Virgine Matre in cælum assumpta ac Regina nostra

FAMULÓRUM tuórum, Dómine, delíctis ignósce ⁊ ut, qui tibi placére de áctibus nostris non valémus : Genetrícis Fílii tui Dómini Dei nostri intercessióne salvémur.

Pro stabilitate et pace Romanæ Ecclesiæ

ECCLÉSIÆ tuæ, Dómine, preces placátus admitte ⁊ ut destrúctis adversitátibus et erróribus univérsis : secúra tibi sérviat libertáte.

In quacumque necessitate & pro pace

INEFFÁBILEM misericórdiam tuam, Dómine, nobis cleménter osténde ⁊ ut simul nos et a peccátis éxuas : et a pœnis et a tribulatiónibus, quas pro his merémur, erípias ⁊ et pacem tuam nostris concéde tempóribus : et nos fámulos tuos ab omni adversitáte custódi.

Conclusio

(cfr. Io 14,13a; [1]Rom 15,30b; Ids 25b)

[1]Per Dóminum nostrum IESUM Christum' Fílium tuum ⁊ qui tecum vivit et regnat in unitáte Spíritus Sancti, Deus : per ómnia sǽcula sæculórum ⁊

Acclamatio (Dt 27,15c)

℟. Amen.

Versiculus [TL] ([1]Idt 7,16b; [2]cfr. 2 Cor 9,15)

℣. [1]Benedicámus Dómino ⁊

℟. [2]Deo grátias ⁊

Signum crucis

Aufforderung zur Oration (= Gebet)

Lasset uns beten.

Gebet von der in den Himmel aufgenommenen Jungfrau-Mutter und unserer Königin

O HERR, verzeihe die Vergehen Deiner Diener; da wir mit unseren Werken Dir nicht gefallen können, lass uns das Heil erlangen auf die Fürsprache der Gebärerin Deines Sohnes, unseres Herrn und Gottes.

Für die Festigkeit und den Frieden der Römischen Kirche

DIE Gebete Deiner Kirche, o Herr, nimm versöhnt an, damit nach Vernichtung aller Widerstände und Irrtümer sie Dir in gesicherter Freiheit diene.

In jeglicher Not und für den Frieden

DEINE unaussprechliche Barmherzigkeit, o Herr, erzeige uns milde, auf dass Du uns zugleich der Sünden entledigen und den Strafen und Trübsalen, die wir für diese verdienen, entreißen wollest; und gewähre unseren Zeiten Deinen Frieden und bewahre uns, Deine Diener, vor jeder Widerwärtigkeit.

Schlussformel

(vgl. Johannes 14,13a; [1]Römer 15,30b; Judas 25b)

[1]Durch unseren Herrn JESUS Christus', Deinen Sohn, der mit Dir lebt und regiert in der Einheit des Heiligen Geistes, Gott von Ewigkeit zu Ewigkeit.

Zuruf (Deuteronomium 27,15c)

℟. Amen.

Versikel ([1]Judith 7,16b; [2]vgl. 2 Korinther 9,15)

℣. [1]Lasset uns preisen den Herrn.

℟. [2]Dank sei Gott.

Kreuzzeichen

AD VESPERAS

Oratio in silentio ([1]Lc 1,28b.[2]42b)
Dicitur semel salutatio angelica – *genuflectens.*
Hic † accipimus veniam.

AVE,[1] MARÍA, grátia plena! † Dóminus tecum; benedícta tu in muliéribus, [2]et benedíctus fructus ventris tui, IESUS.

Sancta MARÍA, Mater Dei, ora pro nobis peccatóribus, nunc et in hora mortis nostræ! Amen. †

Signum crucis – *stans.*
([1]Mt 28,19b; [2]cfr. 1 Cor 14,16b; 2 Cor 1,20b)
✠ [1]In nómine Patris et Fílii et Spíritus Sancti. [2]Amen.

Versus initialis (Ps 69,2)
℣. Deus, in adiutórium meum inténde!
℟. Dómine, ad adiuvándum me festína!

Doxologia trinitaria (cfr. Rom 11,36b; Philp 4,20)
– *genuflectens cum venia vel se inclinans. Hic † accipimus veniam, cum nobis ex tempore genuflectendum est.*

Glória Patri et Fílio * et Spirítui Sancto. †

Stans (cfr. Rom 16,27b; Gal 1,5; 1 Tim 1,17b; 2 Tim 4,18b; Heb 13,21b; 1 Pe 4,11c)
Sicut erat in princípio et nunc et semper * et in sǽcula sæculórum. Amen.

Iubilatio vel sola antiphona [recto tono]
(Ps 104,1a; Apc 19,1b.3b.4c.6b)
Allelúia.

In Septuagesima vero iubilatio dicitur hæc
(cfr. 1 Tim 1,17a)
Laus tibi, Dómine, Rex ætérnæ glóriæ.

DIE VESPER

Gebet in Stille ([1]Lukas 1,28b.[2]42b)
Man betet einmal den Englischen Gruß – *kniend.*
Hier † nehmen wir Veniam.

GEGRÜSSET[1] seist du, MARIA, voll der Gnade, † der Herr ist mit dir; du bist gebenedeit unter den Frauen, [2]und gebenedeit ist die Frucht deines Leibes, JESUS.

Heilige MARIA, Mutter Gottes, bitte für uns Sünder, jetzt und in der Stunde unseres Todes! Amen. †

Das Kreuzzeichen – *stehend.*
([1]Mt 28,19b; [2]vgl. 1 Kor 14,16b; 2 Kor 1,20b)

✠ [1]Im Namen des Vaters und des Sohnes und des Heiligen Geistes. [2]Amen.

Eröffnungsvers (Psalm 69,2)

℣. O Gott, komm mir zu Hilfe!

℟. Herr, eile mir zu helfen!

Lobpreis der Dreifaltigkeit (vgl. Römer 11,36b; Philipper 4,20)
– *kniend mit Veniam bzw. verneigt.*
Hier † nehmen wir Veniam, wenn nach der (liturgischen) Zeit zu knien ist.

Ehre sei dem Vater und dem Sohn(e) * und dem Heiligen Geist(e). †

Stehend (vgl. Röm 16,27b; Gal 1,5; 1 Tim 1,17b; 2 Tim 4,18b; Hebr 13,21b; 1 Petr 4,11c)

Wie (es war) im Anfang so auch jetzt und allezeit * und in Ewigkeit. Amen.

Jubelruf bzw. einzige Antiphon
(Psalm 104,1a; Apokalypse 19,1b.3b.4c.6b)

Alleluja.

In der Vorfasten- und Fastenzeit aber lautet der Jubelruf so (vgl. 1 Timotheus 1,17a)

Lob sei Dir, Herr, König der ewigen Herrlichkeit.

Psalmodia

Sola antiphona [t. 2] (Ct 2,2)
Sicut lílium * [inter spinas, sic amíca mea inter fílias.]

Psalmus 109

Messias Rex et sacerdos

Oportet autem illum regnare, donec ponat omnes inimicos sub pedibus eius. (1 Cor 15,25)

DIXIT Dóminus Dómino meo: * «Sede a dextris meis!
1c Donec ponam inimícos tuos * scabéllum pedum tuórum».
2 Virgam virtútis tuæ emíttet Dóminus ex Sion; * domináre in médio inimicórum tuórum!
3 Tecum princípium in die virtútis tuæ in splendóribus sanctórum; * ex útero, ante lucíferum, génui te.

4 Iurávit Dóminus, et non pænitébit eum: * «Tu es sacérdos in ætérnum secúndum órdinem Melchísedech».
5 Dóminus a dextris tuis, * confrégit in die iræ suæ reges.
6 Iudicábit in natiónibus, implébit ruínas, * conquassábit cápita in terra multórum.

7 De torrénte in via bibet, * proptérea exaltábit caput.
Glória Patri ...

Psalmengesang

Einzige Antiphon (Lied der Lieder/Hld 2,2)
Wie eine Lilie * [unter Dornen, so ist meine Freundin unter den Töchtern.]

Psalm 109

Der Messias, König und Priester

Er muss aber herrschen, bis er alle Feinde unter seine Füße legt. (1 Korinther 15,25)

ES sprach der Herr zu meinem Herrn: * «Setze Dich zu meiner Rechten!
Bis ich Deine Feinde * zum Schemel Deiner Füße mache.»
Den Stab Deiner Macht wird der Herr aussenden von Sion; * herrsche inmitten Deiner Feinde!
Bei Dir ist die Herrschaft am Tag Deiner Macht im Glanz der Heiligen; * aus dem Inneren, noch vor dem Morgenstern, habe ich Dich gezeugt.
Der Herr hat geschworen, und es wird ihn nicht reuen: * «Du bist Priester in Ewigkeit nach der Ordnung des Melchisedech.»
Der Herr zu Deiner Rechten * hat am Tag seines Zornes Könige zerschmettert.
Er wird Gericht halten unter den Völkern, Ruinen füllen, * er wird auf Erden die Häupter vieler zerschmettern.
Aus dem Bach am Weg wird er trinken, * deshalb wird er das Haupt erheben.
Ehre sei dem Vater ...

Psalmus 112

Laudabile nomen Domini (v. 3b)

«Deposuit potentes de sede, et exaltavit humiles». (Lc 1,52)

LAUDÁTE, púeri, Dóminum! * laudáte nomen Dómini!
2 Sit nomen Dómini benedíctum * ex hoc
nunc et usque in sǽculum.
3 A solis ortu usque ad occásum * laudábile
nomen Dómini.
4 Excélsus super omnes gentes Dóminus, * et
super cælos glória eius.
5 Quis sicut Dóminus Deus noster, * qui in al-
tis hábitat, 6 et humília réspicit in cælo et in
terra?
7 Súscitans a terra ínopem, * et de stércore éri-
gens páuperem.
8 Ut cóllocet eum cum princípibus, * cum
princípibus pópuli sui.
9 Qui habitáre facit stérilem in domo * ma-
trem filiórum lætántem.
Glória Patri …

Psalmus 121

Civitas sancta Ierusalem

Sed accessistis ad Sion montem et civitatem Dei viventis, Ierusalem cælestem. (Heb 12,22a)

LÆTÁTUS sum in his, quæ dicta sunt mihi: * «In domum Dómini íbimus».

2 Stantes erant pedes nostri * in átriis tuis, Ie-
rúsalem.
3 Ierúsalem, quæ ædificátur ut cívitas, * cuius
participátio eius in idípsum.
4 Illuc enim ascendérunt tribus, tribus Dómi-

Psalm 112

Lobwürdig ist der Name des Herrn (V. 3b)

«Mächtige hat er vom Thron gestürzt und Demütige erhöht.» (Lukas 1,52)

LOBT, ihr Kinder, den Herrn, * lobt den Namen des Herrn!
Der Name des Herrn sei gepriesen, * von nun an und bis in Ewigkeit.
Vom Aufgang der Sonne bis zum Untergang, * ist lobwürdig der Name des Herrn.
Erhaben über alle Völker ist der Herr * und über die Himmel seine Herrlichkeit.
Wer ist wie der Herr, unser Gott, der in den Höhen wohnt * und auf das Niedrige schaut im Himmel und auf Erden?
Der den Hilflosen von der Erde aufrichtet * und aus dem Schmutz den Armen erhebt.
Dass er ihn aufstelle mit Fürsten, * mit den Fürsten seines Volkes.
Er lässt die Unfruchtbare im Hause wohnen * als frohe Mutter von Kindern.
Ehre sei dem Vater …

Psalm 121

Jerusalem, die heilige Stadt

Vielmehr seid ihr hinzugetreten zu dem Berge Sion und zu der Stadt des lebendigen Gottes, dem himmlischen Jerusalem. (Hebräer 12,22a)

ICH freute mich an dem, was man mir sagte: * «Zum Haus des Herrn wollen wir gehen.»
Es standen unsere Füße * in deinen Höfen, Jerusalem.
Jerusalem, das gebaut ist wie eine Stadt, * die sich zur Gemeinschaft zusammenfügt.
Denn dort hinauf zogen die Stämme, die

ni; * testimónium Israel ad confiténdum nómini Dómini.
5 Quia illic sedérunt sedes in iudício, * sedes super domum David.
6 Rogáte! quæ ad pacem sunt Ierúsalem, * et abundántia diligéntibus te.
7 Fiat pax in virtúte tua * et abundántia in túrribus tuis.
8 Propter fratres meos et próximos meos * loquébar pacem de te.
9 Propter domum Dómini Dei nostri * quæsívi bona tibi.
Glória Patri ...

Psalmus 126

Vanus labor sine Domino

Dei ædificatio estis. (1 Cor 3,9c)

NISI Dóminus ædificáverit domum, * in vanum laboravérunt, qui ædíficant eam.

1c Nisi Dóminus custodíerit civitátem, * frustra vígilat, qui custódit eam.
2a Vanum est vobis ante lucem súrgere; * súrgite! postquam sedéritis, qui manducátis panem dolóris.

2b Cum déderit diléctis suis somnum, * 3 ecce heréditas Dómini, fílii, * merces, fructus ventris.
4 Sicut sagíttæ in manu poténtis, * ita fílii excussórum.
5 Beátus vir, qui implévit desidérium suum ex ipsis: * non confundétur, cum loquétur inimícis suis in porta.
Glória Patri ...

Stämme des Herrn, * als Zeugnis für Israel, um den Namen des Herrn zu preisen.
Denn dort standen die Throne zum Gericht, * die Throne für das Haus David.
Erbittet das, was Jerusalem zum Frieden dienet! * und Überfluss für alle, die dich lieben.
Friede sei in deiner Festung * und Überfülle in deinen Türmen.
Um meiner Brüder und meiner Nächsten willen * sprach ich Frieden von dir.
Um des Hauses des Herrn, unseres Gottes, willen * habe ich Gutes für dich begehrt.
Ehre sei dem Vater …

Psalm 126

Nutzloses Bemühen ohne den Herrn

Gottes Bau seid ihr. (1 Korinther 3,9c)

WENN nicht der Herr das Haus baute, * dann mühten sich jene, die es bauen, umsonst.
Wenn nicht der Herr die Stadt bewachte, * dann wachte der, der sie bewacht, vergeblich.
Umsonst ist es für euch, euch vor dem Tageslicht zu erheben; * steht nur auf, nachdem ihr euch gesetzt habt, die ihr das Brot der Schmerzen esst!
Während er seinen Lieblingen Schlaf gab; * siehe, das Erbe des Herrn sind Söhne, ein Lohn die Frucht des Leibes.
Wie Pfeile in der Hand eines Mächtigen, * so sind die Söhne der Vertriebenen.
Selig der Mann, der sein Verlangen an ihnen erfüllt, * er wird nicht zuschanden werden, wenn er spricht mit seinen Feinden im Tor.
Ehre sei dem Vater …

Psalmus 147

Instauratio Ierusalem

«Veni! et ostendam tibi sponsam, uxorem Agni».
(Apc 21,9c)

LAUDA, Ierúsalem, Dóminum! * lauda De-
um tuum, Sion!
2 Quóniam confortávit seras portárum tuá-
rum, * benedíxit fíliis tuis in te.
3 Qui pósuit fines tuos pacem, * et ádipe fru-
ménti sátiat te.
4 Qui emíttit elóquium suum terræ; * velóci-
ter currit sermo eius.
5 Qui dat nivem sicut lanam, * nébulam sicut
cínerem spargit.
6 Mittit crystállum suam sicut buccéllas; * an-
te fáciem frígoris eius quis sustinébit?
7 Emíttet verbum suum, et liquefáciet ea; *
flabit Spíritus eius, et fluent aquæ.

8 Qui annúntiat verbum suum Iacob, * iustíti-
as et iudícia sua Israel.
9a Non fecit táliter omni natióni, * et iudícia
sua non manifestávit eis.

Glória Patri ...

Antiphona (Ct 2,2)

Sicut lílium * inter spinas, sic amíca mea inter fílias.

Capitulum [TL] (Eccli 24,17s)

QUASI cedrus exaltáta sum in Líbano et quasi cupréssus in mőnte Sion : [18] quasi palma exaltáta sum in Cades et quasi plantátio rosæ in Iéri̋cho.

℟. De̋o grátias.

Psalm 147

Erneuerung Jerusalems

«Komm! und ich will dir die Braut zeigen, die Gemahlin des Lammes.» (Apokalypse/Offenbarung 21,9c)

LOBE, Jerusalem, den Herrn, * lobe, Sion, deinen Gott!

Denn er hat die Riegel deiner Tore stark gemacht, * deine Söhne in dir gesegnet.

Deinen Grenzen gab er Frieden, * und mit dem Mark des Weizens sättigt er dich.

Er sendet sein Wort aus zur Erde, * schnell eilt dahin seine Rede.

Er gibt Schnee wie Wolle, * Nebel streut er aus wie Asche.

Sein Eis sendet er wie Brocken; * wer wird vor dem Angesicht seines Frostes bestehen?

Er wird aussenden sein Wort und es schmelzen lassen, * sein Hauch wird wehen, und die Wasser werden fließen.

Er verkündet Jakob sein Wort, * seine Satzungen und seine Rechtssprüche Israel.

So hat er nicht jedem Volk getan, * und seine Rechtssprüche hat er ihnen nicht geoffenbart.

Ehre sei dem Vater …

Antiphon (Lied der Lieder/Hoheslied 2,2)

Wie eine Lilie * unter Dornen, so ist meine Freundin unter den Töchtern.

Kapitel [= Abschnitt (einer Kurzlsg.)] (Sir 24,17f)

WIE eine Zeder auf dem Libanon wuchs ich empor und wie eine Zypresse auf dem Berge Sion, 18 wie eine Palme in Kades wuchs ich empor und wie ein Rosenstock in Jericho.

℟. Dank sei Gott.

Hymnus [t. 1 sollemniter / t. 4 ferialiter]
(auctoris N. N., † sæculo VIII)
(cfr. Eph 5,19; Col 3,16; [1]Lc 1,28b;
[2]Gn 3,20; [3]Io 2,1.3.5; [4]Act 7,56)

Hymnus

Hic † accipimus veniam.

AVE, maris stella, †
Dei Mater alma,
atque semper Virgo,
felix cæli porta.

[1]Sumens illud «AVE»
Gabriélis ore',
funda nos in pace!
[2]mutans nomen «EVA[E]».

Solve vincla reis!
profer lumen cæcis!
mala nostra pelle!
bona cuncta posce!

[3]Monstra te esse matrem!
sumat per te preces,
qui pro nobis natus
tulit esse tuus.

Virgo singuláris,
inter omnes mitis,
nos culpis solútos
mites fac et castos!

Vitam præsta puram!
iter para tutum!
[4]ut vidéntes IESUM,
semper collætémur.

Sit laus Deo Patri,
summo Christo decus,
Spirítui Sancto,
tribus honor unus. Amen.

Hymnus (= Lobgesang)
(Verfasser N. N., † 8. Jh.; dt. Version: 19. Jh.)
(vgl. Epheser 5,19; Kolosser 3,16; [1]Lukas 1,28b; [2]Genesis 3,20; [3]Johannes 2,1.3.5; [4]Apg 7,56)

Hymnus

Hier † nehmen wir Veniam.

MEERSTERN, ich dich grüße, †
Gottesmutter, süße,
allzeit Jungfrau, reine,
Himmelspfort' alleine.

[1]«AVE», klang die Kunde
aus des Engels Munde';
uns den Frieden spende,
[2]«EVA»'s Namen wende!

Lös das Band der Sünden,
spende Licht den Blinden;
allem Bösen wehre,
alles Gut begehre!

[3]Dich als Mutter zeige,
dass durch dich sich neige
unserm Fleh'n auf Erden,
der dein Sohn wollt' werden.

Jungfrau, auserkoren,
mild und rein geboren,
uns von Schuld befreie,
Keuschheit uns verleihe!

Gib ein reines Leben,
mach den Weg uns eben,
[4]dass in Himmelshöhen
froh wir JESUS sehen.

Gott auf Seinem Throne,
Christ, dem höchsten Sohne,
und dem Geist – den Dreien,
wir ein'n Lobpreis weihen. Amen.

Versiculus (Lc 1,28b)

Hic † accipimus veniam.

℣. Ave, MARÍA, grátia plena! †

℟. Dóminus tecum.

Canticum evangelicum

Antiphona [t. 4-reg^{-2}] (Ct 4,7)

Tota pulchra es, * [amíca mea, et mácula non est in te.]

Canticum
beatissimæ Virginis MARIÆ

(Lc 1,46b-55)

Exsultatio animæ in Domino

MAGNÍFICAT * ánima mea Dóminum.
47 Et exsultávit spíritus meus * in Deo salutári meo.
48 Quia respéxit humilitátem ancíllæ suæ; * ecce enim ex hoc beátam me dicent omnes generatiónes.
49 Quia fecit mihi magna, qui potens est; * et sanctum nomen eius.
50 Et misericórdia eius a progénie in progénies * timéntibus eum.

51 Fecit poténtiam in bráchio suo, * dispérsit supérbos mente cordis sui.

52 Depósuit poténtes de sede, * et exaltávit húmiles.
53 Esuriéntes implévit bonis, * et dívites dimísit inánes.
54 Suscépit Israel púerum suum, * recordátus misericórdiæ suæ.
55 Sicut locútus est ad patres nostros, * Abraham et sémini eius in sǽcula.

Versikel (Lukas 1,28b)
Hier † nehmen wir Veniam.

℣. Gegrüßet seist du, MARIA, voll der Gnade! †
℟. Der Herr ist mit dir.

Lied aus dem Evangelium

Antiphon (Lied der Lieder/Hoheslied 4,7)
Ganz schön bist du, * [meine Freundin, und kein Makel haftet an dir.]

Das Lied
der Allerseligsten Jungfrau MARIA
(Lukas 1,46b-55)

Ein Aufjubeln der Seele im Herrn

HOCHPREIST * meine Seele den Herrn.
Und mein Geist jubelt * in Gott, meinem Heiland.
Denn geschaut hat er auf die Demut seiner Magd; * denn siehe, von nun an werden mich seligpreisen alle Geschlechter.
Denn Großes hat an mir getan der mächtig ist; * und heilig ist sein Name.
Und seine Barmherzigkeit gilt von Geschlecht zu Geschlecht * denen, die ihn fürchten.
Machtvolles hat er getan mit seinem Arm, * zerstreut hat er, die hochmütig sind in ihres Herzens Sinn.
Mächtige hat er vom Thron gestürzt * und Demütige erhöht.
Hungrige hat er gesättigt mit Gütern * und Reiche leer fortgeschickt.
Angenommen hat er Israel, seinen Knecht, * eingedenk seiner Barmherzigkeit.
Wie er zu unseren Vätern gesprochen hat, * zu Abraham und seinen Nachkommen auf

Glória Patri ...

Antiphona (Ct 4,7)

Tota pulchra es, * amíca mea, et mácula non est in te.

Versiculus (Ps 101,2)

℣. Dómine, exáudi oratiónem meam!

℟. Et clamor meus ad te véniat.

Monitio ad orationem [TO]

Orémus.

Oratio de maternitate B. V. MARIÆ

DEUS, qui salútis ætérnæ, beátæ MARÍÆ virginitáte fecúnda, humáno géneri prǽmia præstitísti ⁊ tríbue, quǽsumus : ut ipsam pro nobis intercédere sentiámus ⁊ per quam merúimus auctórem vitæ suscípere Dóminum nostrum IESUM Christum Fílium tuum : Qui tecum vivit et regnat in unitáte Spíritus Sancti, Déus ⁊ per ómnia sǽcula sæculórum :

Acclamatio (Dt 27,15c)

℟. Amen.

Versiculus (Ps 101,2)

℣. Dómine, exáudi oratiónem meam!

℟. Et clamor meus ad te véniat.

Versiculus ([1]Idt 7,16b; [2]cfr. 2 Cor 9,15)

℣. [1]Benedicámus Dómino.

℟. [2]Deo grátias.

Versiculus pro animabus in purgatorio cruciatus patientibus, sc. Animæ ómnium ..., sequitur cum antiphona Salve, Regína ... & ceteris ut supra, p. 158.

ewig.

Ehre sei dem Vater ...

Antiphon (Lied der Lieder/Hoheslied 4,7)

Ganz schön bist du, * meine Freundin, und kein Makel haftet an dir.

Versikel (Psalm 101,2)

℣. Herr, erhöre mein Gebet!

℟. Und lass mein Rufen zu Dir kommen.

Aufforderung zur Oration (= Gebet)

Lasset uns beten.

Gebet von der Mutterschaft der Seligen Jungfrau Maria

O GOTT, durch die fruchtbare Jungfrauschaft der seligen Maria hast Du dem Menschengeschlecht die Güter des ewigen Heils geschenkt; lass uns, so bitten wir, erfahren, dass sie selber für uns Fürsprache einlegt, durch die wir den Urheber des Lebens empfangen durften, unseren Herrn Jesus Christus, Deinen Sohn. Der mit Dir lebt und regiert in der Einheit des Heiligen Geistes, Gott von Ewigkeit zu Ewigkeit.

Zuruf (Deuteronomium 27,15c)

℟. Amen.

Versikel (Psalm 101,2)

℣. Herr, erhöre mein Gebet!

℟. Und lass mein Rufen zu Dir kommen.

Versikel ([1]Judith 7,16b; [2]vgl. 2 Korinther 9,15)

℣. [1]Lasset uns preisen den Herrn.

℟. [2]Dank sei Gott.

Es folgt der Versikel für die im Fegefeuer leidenden Seelen, sc. Die Seelen aller ..., mit der Antiphon Sei gegrüßt, o Königin ... und das Weitere, wie oben, S. 159.

AD COMPLETORIUM

Oratio in silentio (¹Lc 1,28b.²42b)
Dicitur semel salutatio angelica – *genuflectens.*
Hic † accipimus veniam.

AVE,[1] MARÍA, grátia plena! † Dóminus tecum; benedícta tu in muliéribus, [2]et benedíctus fructus ventris tui, IESUS.

Sancta MARÍA, Mater Dei, ora pro nobis peccatóribus, nunc et in hora mortis nostræ! Amen. †

Signum crucis – *stans.*
(¹Mt 28,19b; ²cfr. 1 Cor 14,16b; 2 Cor 1,20b)

✠ [1]In nómine Patris et Fílii et Spíritus Sancti. [2]Amen.

Versus initiales (Ps 84,5; 69,2)

℣. Convérte nos, Deus salutáris noster!
℟. Et avérte iram tuam a nobis!
℣. Deus, in adiutórium meum inténde!
℟. Dómine, ad adiuvándum me festína!

Doxologia trinitaria – *genuflectens cum venia vel se inclinans.*
Hic † accipimus veniam, cum nobis ex tempore genuflectendum est.

Glória Patri et Fílio * et Spirítui Sancto. †
(cfr. Rom 11,36b; Philp 4,20)

Stans (cfr. Rom 16,27b; Gal 1,5; 1 Tim 1,17b; …)
Sicut erat in princípio et nunc et semper * et in sǽcula sæculórum. Amen.

Iubilatio vel sola antiphona [recto tono]
(Ps 104,1a; Apc 19,1b.3b.4c.6b)

Allelúia.

In Septuagesima vero iubilatio dicitur hæc
(cfr. 1 Tim 1,17a)

Laus tibi, Dómine, Rex ætérnæ glóriæ.

ZUR KOMPLET

Gebet in Stille ([1]Lukas 1,28b.[2]42b)
Man betet einmal den Englischen Gruß – *kniend.*
Hier † nehmen wir Veniam.

GEGRÜSSET[1] seist du, MARIA, voll der Gnade, † der Herr ist mit dir; du bist gebenedeit unter den Frauen, [2]und gebenedeit ist die Frucht deines Leibes, JESUS.

Heilige MARIA, Mutter Gottes, bitte für uns Sünder, jetzt und in der Stunde unseres Todes! Amen. †

Das Kreuzzeichen – *stehend.*
([1]Mt 28,19b; [2]vgl. 1 Kor 14,16b; 2 Kor 1,20b)

✠ [1]Im Namen des Vaters und des Sohnes und des Heiligen Geistes. [2]Amen.

Eröffnungsverse (Psalm 84,5; 69,2)

℣. Bekehre uns, o Gott, unser Retter!

℟. Und wende Deinen Zorn von uns!

℣. O Gott, komm mir zu Hilfe!

℟. Herr, eile mir zu helfen!

Lobpreis der Dreifaltigkeit – *kniend mit Veniam bzw. verneigt.*
Hier † nehmen wir Veniam, wenn nach der (liturgischen) Zeit zu knien ist.

Ehre sei dem Vater und dem Sohn(e) * und dem Heiligen Geist(e). † (vgl. Röm 11,36b; ...)

Stehend (vgl. Röm 16,27b; Gal 1,5; 1 Tim 1,17b)

Wie (es war) im Anfang so auch jetzt und allezeit * und in Ewigkeit. Amen.

Jubelruf bzw. einzige Antiphon
(Psalm 104,1a; Apokalypse 19,1b.3b.4c.6b)

Alleluja.

In der Vorfasten- und Fastenzeit aber lautet der Jubelruf so (vgl. 1 Timotheus 1,17a)

Lob sei Dir, Herr, König der ewigen Herrlichkeit.

Psalmodia

Psalmus 4

Gratiarum actio

Admirabilem fecit Dominus, quem suscitavit a mortuis.
(S. Augustinus)

CUM invocárem, exaudívit me Deus iustítiæ meæ; * in tribulatióne dilatásti mihi.

2b Miserére mei! * et exáudi oratiónem meam!

3 Fílii hóminum, úsquequo gravi corde? * ut
quid dilígitis vanitátem et quǽritis mendácium?
4 Et scitóte! quóniam mirificávit Dóminus
sanctum suum; * Dóminus exáudiet me, cum clamávero ad eum.
5 Irascímini! et nolíte peccáre! * quæ dícitis in
córdibus vestris, in cubílibus vestris compungímini!
6 Sacrificáte sacrifícium iustítiæ! et speráte in
Dómino! * multi dicunt: «Quis osténdit nobis bona?»
7 Signátum est super nos lumen vultus tui,
Dómine; * dedísti lætítiam in corde meo.

8 A fructu frumćnti, vini et ólei sui * multiplicáti sunt.
9 In pace in idípsum * dórmiam, et requiéscam.
10 Quóniam tu, Dómine, * singuláriter in spe
constituísti me.
Glória Patri ...

Psalmengesang

Psalm 4

Danksagung

Wunderbar hat der Herrn denjenigen gemacht, den Er von den Toten auferweckte. (Hl. Augustinus)

ALS ich rief, erhörte mich der Gott meiner Gerechtigkeit; * in der Bedrängnis hast Du mir Raum geschaffen.

Erbarme Dich meiner * und erhöre mein Gebet!

Ihr Menschenkinder, wie lange noch seid ihr schwerfälligen Herzens? * warum liebt ihr die Nichtigkeit und sucht die Lüge?

Und wisset, dass der Herr Wunder getan an seinem Heiligen! * der Herr wird mich erhören, wenn ich zu ihm schreie.

Zürnet (euch selbst), und sündigt nicht, * was ihr sprecht in euren Herzen, das bereut auf eurem Lager!

Opfert ein Opfer der Gerechtigkeit und hofft auf den Herrn! * viele sagen: «Wer wird uns Gutes zeigen?»

Es strahlt als Zeichen über uns das Licht Deines Angesichtes, Herr; * Du gabst mir Freude in mein Herz.

Durch die Frucht seines Getreides, Weines und Öles * haben sie sich vermehrt.

In Frieden zugleich * werde ich schlafen und ruhen.

Denn Du, Herr, * hast allein in Hoffnung mich fest begründet.

Ehre sei dem Vater ...

Psalmus 30,2-6

Afflicti supplicatio cum fiducia

«Pater, in manus tuas commendo spiritum meum».
(Lc 23,46b)

IN te, Dómine, sperávi, non confúndar in æ-
térnum; * in iustítia tua líbera me!

3a Inclína ad me aurem tuam! * accélera! ut
éruas me.
3b Esto mihi in Deum protectórem et in do-
mum refúgii! * ut salvum me fácias.
4 Quóniam fortitúdo mea et refúgium meum
es tu; * et propter nomen tuum dedúces me,
et enútries me.
5 Edúces me de láqueo hoc, quem abscondé-
runt mihi, * quóniam tu es protéctor meus.

6 In manus tuas comméndo spíritum meum; *
redemísti me, Dómine Deus veritátis.

Glória Patri …

Psalmus 133

Vespertina oratio in templo

«Laudem dicite Deo nostro, omnes servi eius et, qui timetis eum, pusilli et magni!» (Apc 19,5b)

ECCE nunc benedícite Dóminum, * omnes
servi Dómini!
1c Qui statis in domo Dómini, * in átriis do-
mus Dei nostri.
2 In nóctibus extóllite manus vestras in sanc-
ta! * et benedícite Dóminum!
3 Benedícat te Dóminus ex Sion, * qui fecit
cælum et terram.
Glória Patri …

Psalm 30,2-6

Eines Bedrängten Bitte mit Zuversicht

«Vater, in Deine Hände empfehle ich meinen Geist.»
(Lukas 23,46b)

AUF Dich, Herr, habe ich meine Hoffnung gesetzt, lass mich nicht zuschanden werden in Ewigkeit; * in Deiner Gerechtigkeit befreie mich!
Neige zu mir Dein Ohr, * eile, mich zu retten!
Sei mir ein Schützergott und ein Haus der Zuflucht, * um mich heil zu machen.
Denn meine Stärke und meine Zuflucht bist Du, * und um Deines Namens willen wirst Du mich führen und ernähren.
Du wirst mich ziehen aus dieser Schlinge, die sie für mich verborgen haben, * denn Du bist mein Beschützer.
In Deine Hände befehle ich meinen Geist; * Du hast mich erlöst, Herr, Gott der Wahrheit.
Ehre sei dem Vater …

Psalm 133

Abendgebet im Tempel

«Lob sprechet unserem Gott, alle seine Diener, und die ihr ihn fürchtet, Kleine und Große!» (Offenbarung 19,5b)

WOHLAN, nun preiset den Herrn, * all ihr Diener des Herrn!
Die ihr steht im Hause des Herrn, * in den Höfen des Hauses unseres Gottes.
In den Nächten erhebt eure Hände zum Heiligtum * und preiset den Herrn!
Es segne dich der Herr von Sion her, * der Himmel und Erde gemacht hat.
Ehre sei dem Vater …

Antiphona [recto tono]
(Ps 104,1a; Apc 19,1b.3b,4c.6b)

Allelúia.

In Septuagesima vero dicitur
(cfr. 1 Tim 1,17a)

Laus tibi, Dómine, Rex ætérnæ glóriæ.

Hymnus Meménto ..., vide supra p. 106

Capitulum
(Eccli 24,20)

SICUT cinnamómum et bálsamum aromatízans ődórem dedi : quasi myrrha elécta dedi suavitáte̋m odóris.

℟. De̋o grátias.

Versiculus ([1]Ps 45,6b.[3]a; [2]cfr. 15,11b; 66,2b)

℣. [1]Adiuvábit eam Deus [2]vultu suo.

℟. [3]Deus in médio eius, non commovébitur.

Canticum evangelicum

Antiphona [t. 8-1] (Lc 1,35b)

«Spíritus Sanctus * [supervéniet in te, et virtus Altíssimi obumbrábit tibi».]

Canticum Simeonis

(Lc 2,29-32)

De revelationis consummatione

[25] ... homo ... Simeon ...; et Spiritus Sanctus erat in eo. [26] Et responsum acceperat a Spiritu Sancto ... [27] Et venit in Spiritu in templum. (Lc 2,25-27)

NUNC dimíttis servum tuum, Dómine, * secúndum verbum tuum in pace.
30 Quia vidérunt óculi mei * salutáre tuum.

31 Quod parásti * ante fáciem ómnium populórum.

Antiphon (Psalm 104,1a; Apokalypse 19,1b.3b,4c.6b)

Alleluja.

In der Vorfasten- und Fastenzeit aber heißt es (vgl. 1 Timotheus 1,17a)

Lob sei Dir, Herr, König der ewigen Herrlichkeit.

Hymnus Sei eingedenk ..., siehe oben S. 107

Kapitel [= Abschnitt (einer Kurzlesung)] (Ekklesiastikus/Kirchenbuch/Sirach 24,20)

WIE Zimt und duftender Balsam gab ich einen Geruch (von mir); gleichwie auserlesene Myrrhe gab ich einen Wohlgeruch.

℟. Dank sei Gott.

Versikel ([1]Psalm 45,6b.[3]a; [2]vgl. 15,11b; 66,2b)

℣. [1]Gott will ihr helfen [2]durch sein Angesicht.

℟. [3]Gott ist in ihrer Mitte, sie wird nicht wanken.

Lied aus dem Evangelium

Antiphon (Lukas 1,35b)

«Der Heilige Geist * [wird über dich kommen, und die Kraft des Allerhöchsten wird dich überschatten.]

Das Lied Simeons

(Lukas 2,29-32)

Von der endgültigen Offenbarung

Ein Mann ... Simeon ...; und der Heilige Geist war in ihm. Und Antwort erhalten hatte er vom Heiligen Geist ... Und er kam in (diesem) Geist in den Tempel. (Lukas 2,25-27)

NUN entlässt Du, Herr, Deinen Knecht * nach Deinem Wort in Frieden.

Denn meine Augen * haben Dein Heil gesehen.

Das Du bereitet hast * vor dem Angesicht aller Völker.

32 Lumen ad revelatiónem géntium * et glóriam plebis tuæ Israel.
Glória Patri ...

Antiphona (Lc 1,35b)

«Spíritus Sanctus * supervéniet in te, et virtus Altíssimi obumbrábit tibi».

Versiculus (Ps 101,2)

℣. Dómine, exáudi oratiónem meam!
℟. Et clamor meus ad te véniat.

Monitio ad orationem [TO]

Orémus.

Oratio de Virgine Matre in cælum assumpta ac Regina nostra

FAMULÓRUM tuórum, Dómine, delíctis ignósce : ut, qui tibi placére de áctibus nostris non valémus ⁊ Genetrícis Fílii tui Dómini Dei nostri intercessióne salvémur : Per eúndem Dóminum nostrum IESUM Christum Fílium túum ⁊ qui tecum vivit et regnat in unitáte Spíritus Sancti, Deus : per ómnia sǽcula sæculórum :

Acclamatio (Dt 27,15c)

℟. Amen.

Versiculus (Ps 101,2)

℣. Dómine, exáudi oratiónem meam!
℟. Et clamor meus ad te véniat.

Versiculus ([1]Idt 7,16b; [2]cfr. 2 Cor 9,15)

℣. [1]Benedicámus Dómino.
℟. [2]Deo grátias.

Altera antiphona mariana [t. 4]

Hic † accipimus veniam.

SANCTA MARÍA, † succúrre míseris! iuva pusillánimes! réfove flébiles! ora pro pó-

Ein Licht zur Erleuchtung der Heiden * und zur Verherrlichung Deines Volkes Israel.
Ehre sei dem Vater …

Antiphon (Lukas 1,35b)

«Der Heilige Geist * wird über dich kommen, und die Kraft des Allerhöchsten wird dich überschatten.»

Versikel (Psalm 101,2)

℣. Herr, erhöre mein Gebet!

℟. Und lass mein Rufen zu Dir kommen.

Aufforderung zur Oration (= Gebet)

Lasset uns beten.

Gebet von der in den Himmel aufgenommenen Jungfrau-Mutter und unserer Königin

O HERR, verzeihe die Vergehen Deiner Diener; da wir mit unseren Werken Dir nicht gefallen können, lass uns das Heil erlangen auf die Fürsprache der Gebärerin Deines Sohnes, unseres Herrn und Gottes. Durch ihn, unseren Herrn JESUS Christus, Deinen Sohn, der mit Dir lebt und regiert in der Einheit des Heiligen Geistes, Gott von Ewigkeit zu Ewigkeit.

Zuruf (Deuteronomium 27,15c)

℟. Amen.

Versikel (Psalm 101,2)

℣. Herr, erhöre mein Gebet!

℟. Und lass mein Rufen zu Dir kommen.

Versikel ([1]Judith 7,16b; [2]vgl. 2 Korinther 9,15)

℣. [1]Lasset uns preisen den Herrn.

℟. [2]Dank sei Gott.

Eine andere marianische Antiphon
Hier † nehmen wir Veniam.

HEILIGE MARIA, † eile den Elenden zu Hilfe, unterstütze die Kleinmütigen, er-

pulo! intérveni pro clero! intercéde pro devóto feminéo sexu! séntiant omnes tuum iuvámen, quicúmque célebrant tuam sanctam commemoratiónem. †

Versiculus [TL] ([1]cfr. Iob 22,25a)
℣. Dignáre me laudáre te, Virgo sacra̋ta ⁊

℟. Da mihi virtútem [1]contra hostes tűos ⁊

Monitio ad orationem [TL]
Ore̋mus ⁊

Oratio de Virginis intercessione

CONCÉDE nos fámulos tuos, quǽsumus, Dómine Deus, perpétua mentis et córporis prosperitáte gaude̋re ⁊ et gloriósa beátæ MARÍÆ semper Vírginis intercessióne, a præsénti libera̋ri tristítia : et ætérna pérfrui̋ lætítia. Per Dóminum nostrum IESUM Christum Fílium tűum ⁊ qui tecum vivit et regnat in unitáte Spíritűs Sancti, Deus : per ómnia sǽcula sæculőrum ⁊

Acclamatio (Dt 27,15c)
℟. A̋men.

Versiculus [TL] (Ps 101,2)
℣. Dómine, exáudi oratiónem me̋am ⁊
℟. Et clamor meus ad te ve̋niat ⁊

Versiculus ([1]Idt 7,16b; [2]cfr. 2 Cor 9,15)
℣. [1]Benedicámus Dőmino ⁊
℟. [2]Deo gra̋tias ⁊

Oratio in silentio (Mt 6,9b-13; Lc 1,28b.42b)
Statim sequuntur ter Pater noster, … & Ave, MARÍA, …

quicke die Beklagenswerten, bitte für das Volk, hilf dem Klerus, tritt ein für das gottgeweihte weibliche Geschlecht; es mögen alle deine Hilfe erfahren, die dein heiliges Gedächtnis begehen. †

Versikel ([1]vgl. Job 22,25a)

℣. Würdige mich, dich zu loben, heilige Jungfrau!

℟. Gib mir Kraft [1]gegen deine Feinde!

Aufforderung zur Oration (= Gebet)

Lasset uns beten.

Gebet von der Fürsprache der Jungfrau

VERLEIHE uns, Deinen Dienern, so bitten wir, o Herr-Gott, dass wir uns beständigen Glückes der Seele und des Leibes erfreuen und auf die glorreiche Fürsprache der Seligen, immerwährenden Jungfrau MARIA von der gegenwärtigen Trübsal befreit werden und die ewige Freude genießen. Durch unseren Herrn JESUS Christus, Deinen Sohn, der mit Dir lebt und regiert in der Einheit des Heiligen Geistes, Gott von Ewigkeit zu Ewigkeit.

Zuruf (Deuteronomium 27,15c)

℟. Amen.

Versikel (Psalm 101,2)

℣. Herr, erhöre mein Gebet!

℟. Und lass mein Rufen zu Dir kommen.

Versikel ([1]Judith 7,16b; [2]vgl. 2 Korinther 9,15)

℣. [1]Lasset uns preisen den Herrn.

℟. [2]Dank sei Gott.

Gebet in Stille (Matthäus 6,9b-13; Lk 1,28b.42b)

Unmittelbar folgen dreimal Vater unser ... & Ave, MARÍA ...

Prologus S. Ioannis (Evangelium ultimum)

Diaconus v. sacerdos dicit (solus non respondet):
([1]Rt 2,4b; 2 Par 15,2c; [2]2 Tim 4,22b)

D. [1]Dóminus vobíscum.

℟. [2]Et cum spíritu tuo.

Alii dicunt: (Ps 101,2)

℣. Dómine, exáudi oratiónem meam!

℟. Et clamor meus ad te véniat.

Evangelium [TEv] (Io 1,1-14)

Et Verbum caro factum est, et habitavit in nobis. (v. 14a)

✠ Inítium sancti Evangélii : secúndum Ioánnem.

℟. Glória tibi, Dómine. (Resp., signat se cruce)

IN princípio erat Verbum. Et Verbum erat
apud Deum : et Deus erat Verbum. 2 Hoc
erat in princípio apud Deum. 3 Omnia per ip-
sum facta sunt : et sine ipso factum est nihil.
Quod factum est : 4 in ipso vita erat. Et vita
erat lux hominum † 5 et lux in ténebris lucet :
et ténebræ eam non comprehendérunt. 6 Fuit
homo missus a Deo : cui nomen erat Ioán-
nes. 7 Hic venit in testimonium † ut testi-
mónium perhibéret de lúmine : ut omnes
créderent per illum. 8 Non erat ille lux : sed
ut testimónium perhibéret de lúmine. 9 Erat
lux vera : quæ illúminat omnem hóminem
veniéntem in hunc mundum. 10 In mundo
erat † et mundus per ipsum factus est : et
mundus eum non cognóvit. 11 In propria ve-
nit : et sui eum non recepérunt. 12 Quotquot
autem recepérunt eum † dedit eis potestátem
fílios Dei fíeri : his, qui credunt in nómine
eius. 13 Qui non ex sanguínibus, neque ex vo-
luntáte carnis † neque ex voluntate viri : sed

Der Prolog des hl. Johannes (Schluss-Evangelium)

Diakon oder Priester sagt (als einzelner antwortet man nicht): ([1]Ruth 2,4b; 2 Chr 15; [2]2 Tim 4,22b)

D. [1]Der Herr (sei) mit euch.

℟. [2]Und mit deinem Geiste.

Die anderen sagen: (Psalm 101,2)

℣. Herr, erhöre mein Gebet!

℟. Und lass mein Rufen zu Dir kommen.

Evangelium (Johannes 1,1-14)

U. das Wort ist Fleisch geworden u. hat unter uns gewohnt.

✠ Anfang des heiligen Evangeliums nach Johannes.

℟. Ehre sei Dir, o Herr. (Antw. mit Kreuzzeich.)

IM Anfang war das Wort, und das Wort war
bei Gott, und Gott war das Wort. 2 Dieses
war im Anfang bei Gott. 3 Alles ist durch Ihn
geworden; und ohne Ihn ist nichts geworden.
Was geworden ist – 4 in Ihm war es Leben.
Und das Leben war das Licht der Menschen;
5 und das Licht leuchtet in der Finsternis, und
die Finsternis hat es nicht ergriffen. 6 Es ward
ein Mensch, gesandt von Gott, sein Name
war Johannes; 7 dieser kam zum Zeugnis, da-
mit er Zeugnis gebe vom Licht, damit alle
zum Glauben kämen durch ihn. 8 Nicht war
er das Licht, sondern damit er Zeugnis gebe
vom Licht. 9 Es war das wahre Licht, das je-
den Menschen erleuchtet, der in diese Welt
kommt. 10 Er war in der Welt, und die Welt
ist durch Ihn geworden, und die Welt hat Ihn
nicht erkannt. 11 Er kam in das Seine, doch
die Seinen nahmen Ihn nicht auf. 12 Die Ihn
aber aufnahmen: ihnen gab Er Vollmacht,
Kinder Gottes zu werden, denen, die an Sei-

ex Deo nati sunt. *Hic † accipimus veniam:* [14] **Et Verbum caro factum est**, † et habitávit in nobis. Et vídimus glóriam eius glóriam quasi Unigéniti a Patre : plênum grátiæ et vêritátis.

℟. Amen.

Doxologia trinitaria (cfr. [1]Ps 64,2a; [2]Rom 16,27b)

TE decet laus, [1]te decet hymnus[1]; tibi [2]glória Deo Patri et Fílio cum Sancto Spíritu in sǽcula sæculórum. Amen.

Monitio ad orationem [TO]

Orémus.

Oratio de Christi nativitate

CONCÉDE, quǽsumus, omnipotens Deus : ut nos Unigéniti tui nova per carnem natívitas líberet quos sub peccáti iugo vetústa sérvitus tenet :

Oratio de Christi epiphania

DEUS, illuminátor ómnium géntium : da pópulis tuis perpétua pace gaudére et illud lumen spléndidum infúnde córdibus nostris, quod trium magórum méntibus aspirásti Dóminum nostrum IESUM Christum Fílium tuum :

Oratio de misericordia divina
(collecta dominicæ IV post festum SS. Trinitatis)

PROTÉCTOR in te sperántium, Deus, sine quo nihil est válidum, nihil sánctum multíplica super nos misericórdiam tuam :

nen Namen glauben, [13] die nicht aus dem Geblüt, auch nicht aus dem Willen des Fleisches, auch nicht aus dem Willen des Mannes, sondern aus Gott geboren sind. *Hier † nehmen wir Veniam:* [14] **Und das Wort ist Fleisch geworden** † und hat unter uns gewohnt; und wir haben Seine Herrlichkeit gesehen, die Herrlichkeit als des Eingeborenen vom Vater, voll Gnade und Wahrheit.

℟. Amen.

Lobpreis der Dreifaltigkeit (vgl. Ps 64,2; Rö 16,27)

DIR gebührt Lob, Dir gebührt Gesang; Dir sei Ehre: Gott-Vater und Sohn mit dem Heiligen Geist in die Ewigkeiten der Ewigkeiten. Amen.

Aufforderung zur Oration (= Gebet)

Lasset uns beten.

Gebet von Christi Geburt

GEWÄHRE, so bitten wir, allmächtiger Gott, dass Deines Eingeborenen neue Geburt im Fleische uns befreie, welche die alte Knechtschaft unter dem Joch der Sünde hält.

Gebet von der Erscheinung Christi

O GOTT, Du Erleuchter aller Heiden, gib Deinen Völkern sich dauerhaften Friedens zu erfreuen und gieße jenes strahlende Licht in unsere Herzen ein, das Du den Herzen der drei Weisen eingehaucht hast, unseren Herrn JESUS Christus, Deinen Sohn.

Gebet von der göttlichen Barmherzigkeit (Tagesgebet vom 4. So. nach Dreifaltigkeit)

BESCHÜTZER derer, die auf Dich, o Gott, vertrauen, nichts ist gesund, nichts heilig ohne Dich; vermehre über uns Deine Barm-

ut, te rectóre, te duce, sic transeámus per bona temporália ⁊ ut non amittámus ætérna :

Conclusio (cfr. Io 14,13a; [1]Rom 15,30b; Ids 25b)
[1]Per Dóminum nostrum IESUM Christum' Fílium túum ⁊ qui tecum vivit et regnat in unitáte Spíritús Sancti, Deus : per ómnia sǽculá sæculórum :

Acclamatio (Dt 27,15c)
℟. Amen.

Versiculus (Ps 101,2)
℣. Dómine, exáudi oratiónem meam!
℟. Et clamor meus ad te véniat.

Versiculus ([1]Idt 7,16b; [2]cfr. 2 Cor 9,15)
℣. [1]Benedicámus Dómino.
℟. [2]Deo grátias.

Versiculus pro animabus in purgatorio cruciatus patientibus ([1]cfr. Ps 4,9c.[2]a; [3]Dt 27,15c; 1 Cor 14,16b; 2 Cor 1,20b)
℣. Animæ ómnium fidélium defunctórum per misericórdiam Dei [1]requiéscant [2]in pace.
℟. [3]Amen.

Antiphona [t. 1] *Hic † accipimus veniam.*

SALVE, Regína misericórdiæ! † vitæ dulcédo et spes nostra, salve! Ad te clamámus, [1]éxsules [2]fílii Evæ'. Ad te suspirámus, geméntes et flentes in hac [3]lacrimárum valle'. Eia ergo, advocáta nostra, illos tuos misericórdes óculos ad nos convérte! Et IESUM [4]benedíctum fructum ventris tui' nobis post hoc exsílium osténde benígnum! O clemens, o pia, o dulcis MARÍA! † ([1]cfr. Gn 4,14b; [2]3,20; [3]Ps 83,7a; [4]Lc 1,42c)

herzigkeit, damit unter Deiner Leitung und Führung wir so durch die zeitlichen Güter hindurchgehen, dass wir die ewigen nicht verlieren.

Schlussformel (vgl. Jo 14,13a; [1]Rö 15,30b; Ju 25b)
[1]Durch unseren Herrn JESUS Christus', Deinen Sohn, der mit Dir lebt und regiert in der Einheit des Heiligen Geistes, Gott von Ewigkeit zu Ewigkeit.

Zuruf (Deuteronomium 27,15c)
℟. Amen.

Versikel (Psalm 101,2)
℣. Herr, erhöre mein Gebet!
℟. Und lass mein Rufen zu Dir kommen.

Versikel ([1]Judith 7,16b; [2]vgl. 2 Korinther 9,15)
℣. [1]Lasset uns preisen den Herrn.
℟. [2]Dank sei Gott.

Versikel für die im Fegefeuer leidenden Seelen ([1]vgl. Psalm 4,9c.[2]a; [3]Deuteronomium 27,15c; 1 Korinther 14,16b; 2 Korinther 1,20b)
℣. Die Seelen aller verstorbenen Gläubigen mögen durch die Barmherzigkeit Gottes [1]ruhen [2]in Frieden.
℟. [3]Amen.

Antiphon *Hier † nehmen wir Veniam.*

SEI gegrüßt, o Königin der Barmherzigkeit, † des Lebens Wonne und unsere Hoffnung, sei gegrüßt. Zu dir rufen wir verbannte Kinder Evas, zu dir seufzen wir trauernd und weinend in diesem Tal der Tränen. Wohlan denn, unsere Fürsprecherin, wende deine barmherzigen Augen uns zu, und nach diesem Elend zeige uns JESUS, die gebenedeite Frucht deines Leibes, als gnädigen (Heiland)! O gütige, o milde, o süße MARIA! †

Versiculus – *Hic † accipimus veniam.* (Lc 1,28b)

℣. Ave, MARÍA, grátia pléna ⁊ †

℟. Dóminus técum ⁊

Monitio ad orationem [TL]

Orémus ⁊

Oratio de Virgine Matre ac Regina nostra

FAMULÓRUM tuórum, Dómine, delíctis ignósce ⁊ ut, qui tibi placére de áctibus nostris non valémus : Genetrícis Fílii tui Dómini Dei nostri intercessióne salvémur.

Pro stabilitate et pace Romanæ Ecclesiæ

ECCLÉSIÆ tuæ, Dómine, preces placátus admítte ⁊ ut destrúctis adversitátibus et erróribus univérsis : secúra tibi sérviat líbertáte.

In quacumque necessitate & pro pace

INEFFÁBILEM misericórdiam tuam, Dómine, nobis cleménter osténde ⁊ ut simul nos et a péccátis éxuas : et a pœnis et a tribulatiónibus, quas pro his merémur, erípias ⁊ et pacem tuam nostris concéde tempóribus : et nos fámulos tuos ab omni adversitáte custódi.

Conclusio (cfr. Io 14,13a; [1]Rom 15,30b; Ids 25b)

[1]Per Dóminum nostrum IESUM Christum' Fílium túum ⁊ qui tecum vivit et regnat in unitáte Spíritús Sancti, Deus : per ómnia sǽcula sæculórum ⁊

Acclamatio (Dt 27,15c)

℟. Ámen.

Versiculus [TL] ([1]Idt 7,16b; [2]cfr. 2 Cor 9,15)

℣. [1]Benedicámus Dómino ⁊

℟. [2]Deo grátias ⁊

Signum crucis

Versikel – *Hier † nehmen wir Veniam.* (Lk 1,28b)

℣. Gegrüßt seist du, MARIA, voll der Gnade! †

℟. Der Herr ist mit dir.

Aufforderung zur Oration (= Gebet)

Lasset uns beten.

Gebet v. der Jungfrau-Mutter u. unserer Königin

O HERR, verzeihe die Vergehen Deiner Diener; da wir mit unseren Werken Dir nicht gefallen können, lass uns das Heil erlangen auf die Fürsprache der Gebärerin Deines Sohnes, unseres Herrn und Gottes.

Für die Festigkeit & den Frieden der Röm. Kirche

DIE Gebete Deiner Kirche, o Herr, nimm versöhnt an, damit nach Vernichtung aller Widerstände und Irrtümer sie Dir in gesicherter Freiheit diene.

In jeglicher Not und für den Frieden

DEINE unaussprechliche Barmherzigkeit, o Herr, erzeige uns milde, auf dass Du uns zugleich der Sünden entledigen und den Strafen und Trübsalen, die wir für diese verdienen, entreißen wollest; und gewähre unseren Zeiten Deinen Frieden und bewahre uns, Deine Diener, vor jeder Widerwärtigkeit.

Schlussformel (vgl. Jo 14,13a; [1]Rö 15,30b; Ju 25b)

[1]Durch unseren Herrn JESUS Christus', Deinen Sohn, der mit Dir lebt und regiert in der Einheit des Heiligen Geistes, Gott von Ewigkeit zu Ewigkeit.

Zuruf (Deuteronomium 27,15c)

℟. Amen.

Versikel ([1]Judith 7,16b; [2]vgl. 2 Korinther 9,15)

℣. [1]Lasset uns preisen den Herrn.

℟. [2]Dank sei Gott.

Kreuzzeichen

OFFICIUM MISSÆ BEATÆ VIRGINIS MARIÆ

Dicitur autem semper in adventu Domini post Primam vel Tertiam eiusdem Deiparæ Virginis

IN ADVENTU DOMINI

Introitus

Antiphona [t. 1] (Is 45,8a)

RORÁTE, * cæli, désuper! et nubes pluant Iustum; aperiátur terra, et gérminet Salvatórem.

Versus psalmi (18,2)

Cæli enárrant glóriam Dei, et ópera mánuum eius annúntiat firmaméntum.

Doxologia trinitaria

Glória Patri …

Repetitur antiphona

Roráte, cæli, …

Kyrie

Invocatio Christi (Mt 20,30b.31b)

Kýrie, eléison! (ter)
Christe, eléison! (ter)
Kýrie, eléison! (ter)

Non dicitur Glória in excélsis …

Collecta

Versiculus (Ps 101,2)

℣. Dómine, exáudi oratiónem meam!
℟. Et clamor meus ad te véniat.

MESS-OFFIZIUM VON DER SELIGEN JUNGFRAU MARIA

Dieses wird im Advent des Herrn immer nach der Prim bzw. Terz der Gottesgebärerin-Jungfrau gebetet

IM ADVENT DES HERRN

Einzug

Kehrvers (Isaias/Jesaja 45,8a)

TAUET, * ihr Himmel, von oben, und die Wolken mögen regnen lassen den Gerechten; auftue sich die Erde und bringe den Heiland hervor.

Psalmvers (18,2)

Die Himmel erzählen die Herrlichkeit Gottes, und die Werke seiner Hände verkündet das Firmament.

Lobpreis der Dreifaltigkeit

Ehre sei dem Vater ...

Der Kehrvs wird wiederholt

Tauet, ihr Himmel, ...

Kyrie (= o Herr!)

Anrufung Christi (Matthäus 20,30b.31b)

Herr, erbarme Dich! (dreimal)

Christus, erbarme Dich! (dreimal)

Herr, erbarme Dich! (dreimal)

Es wird kein Ehre sei Gott in der Höhe ... gebetet.

Sammel-Gebet

Versikel (Psalm 101,2)

℣. Herr, erhöre mein Gebet!

℟. Und lass mein Rufen zu Dir kommen.

Monitio ad orationem [TO]

Orémus.

Oratio de Christi e Virgine incarnatione

DEUS, qui de beátæ MARÍÆ Vírginis útero Verbum tuum, Angelo nuntiánte, carnem suscípere voluisti † præsta supplícibus tuis : ut, qui vere eam Genetrícem Dei crédimus † eius apud te intercessiónibus adiuvémur : Per eúndem Dóminum nostrum IESUM Christum Fílium tuum † qui tecum vivit et regnat in unitáte Spíritus Sancti, Deus : per ómnia sǽcula sæculórum :

℟. Amen.

Verbum Dei

Lectio [TEp] (Is 7,10-15)

«Ecce Virgo concipiet». (v. 14b)

Léctio Isaíæ prophétæ.

IN diébus illis : cfr. 10 Locútus est Dóminus ad
Achaz, dicens. 11 «Pete tibi signum a Dó-
mino Deo tuo in profúndum inférni : sive in
excélsum supra!» 12 Et dixit Achaz. =«Non
petam : et non tentábo Dóminum». =13 Et di-
xit. «Audíte ergo, domus David! ¿Numquid
parum vobis est moléstos esse homínibus,
quia molésti estis et Deo meo? 14 Propter
hoc : dabit Dóminus ipse vobis signum. Ecce
Virgo concípiet, et páriet fílium : et vocábitur
nomen eius Emmánuel. 15 Butýrum et mel
cómedet : ut sciat reprobâre malum et elígere bonum».

Aufforderung zur Oration (= Gebet)

Lasset uns beten.

Gebet von Christi Fleischwerdung aus der Jungfrau

O GOTT, Du wolltest auf die Botschaft des Engels hin Dein Wort aus dem Schoß der Seligen Jungfrau MARIA Fleisch annehmen lassen; gewähre Deinen Schutzflehenden, dass wir durch ihre Fürsprache bei Dir Hilfe erfahren, die wir glauben, dass sie wahrhaft Gottesgebärerin ist. Durch ihn, unseren Herrn JESUS Christus, Deinen Sohn, der mit Dir lebt und regiert in der Einheit des Heiligen Geistes, Gott von Ewigkeit zu Ewigkeit.

℟. Amen.

Wort Gottes

Lesung (Isaias/Jesaja 7,10-15)

«Seht, die Jungfrau wird empfangen.» (Vers 14b)

Lesung aus dem Propheten Isaias.

IN jenen Tagen vgl. 10 sprach der Herr zu
Achaz, und sagte: 11 «Erbitte dir ein Zeichen vom Herrn, deinem Gott, sei es in der Tiefe der Unterwelt oder oben in der Höhe!»
12 Und Achaz sagte: «Ich will nicht bitten und den Herrn nicht versuchen.» 13 Und er
sprach: «Hört also, Haus David! Ist es euch zu wenig, Menschen zur Last zu fallen, dass ihr auch meinem Gott zur Last fallt? 14 Darum wird der Herr selber euch ein Zeichen geben: Seht, die Jungfrau wird empfangen und einen Sohn gebären, und sein Name wird sein Emmanuel. 15 Butter und Honig
wird er essen, bis er versteht, das Böse zu verwerfen und das Gute zu wählen.»

Responsorium [t. 5] ([1]Ps 144,18.[2]21a)

℟. [1]Prope est * Dóminus ómnibus invocántibus eum, ómnibus qui ínvocant eum in veritáte.

℣. [2]Laudem Dómini loquétur os meum, et benedícat omnis caro nomen sanctum eius.

Alleluia [t. 4] (Ps 79,3b)

Allelúia. * ℣. «Excita, Dómine, poténtiam tuam! et veni! ut salvos fácias nos». Allelúia.

Ante evangelium

Diaconus v. sacerdos dicit (solus non respondet): ([1]Rt 2,4b; 2 Par 15,2c; [2]2 Tim 4,22b)

D. [1]Dóminus vobíscum.

℟. [2]Et cum spíritu tuo.

Alii dicunt: (Ps 101,2)

℣. Dómine, exáudi oratiónem meam!

℟. Et clamor meus ad te véniat.

Evangelium [TEv] (Lc 1,26b-38a)

«Ecce concipies in utero, et paries filium». (v. 31a)

✠ Sequéntia sancti Evangélii : secúndum Lucam.

℟. Glória tibi, Dómine.

(Hoc dicendo, signat se cruce)

IN illo témpore : 26b Missus est Angelus Gábriel a Deo in civitátem Galilǽæ, cui nomen Názareth : 27 ad vírginem desponsátam viro ʔ cui nomen erat Ioseph, de domo David : et nomen vírginis MARÍA. 28 Et ingréssus Angelus ad eam : =dixit. «Ave, grátia plena : Dóminus tecum. Benedícta tu in muliéribus». 29 Quæ, cum audisset ʔ turbáta est in sermóne eius : et cogitábat, qualis esset ista salutátio. 30 Et ait Angelus ei. «Ne timeas, MARÍA : invenísti enim grátiam apud Deum.

Antwortgesang (Psalm 144,18.21a)

℟. Nahe ist * der Herr allen, die ihn anrufen, allen, die ihn anrufen in Wahrheit.

℣. Vom Lob des Herrn soll künden mein Mund, und rühmen soll alles Fleisch seinen heiligen Namen.

Alleluja (Psalm 79,3b)

Alleluja. * ℣. Erwecke, o Herr, Deine Macht und komm, uns zu erretten! Alleluja.

Vor dem Evangelium

Diakon oder Priester sagt (als einzelner antwortet man nicht): ([1]Ruth 2,4b; 2 Chronik 15,2c; [2]2 Timotheus 4,22b)

D. [1]Der Herr (sei) mit euch.

℟. [2]Und mit deinem Geiste.

Die anderen sagen: (Psalm 101,2)

℣. Herr, erhöre mein Gebet!

℟. Und lass mein Rufen zu Dir kommen.

Evangelium (Lukas 1,26b-38a)

«Siehe, du wirst empfangen im Schoße, und einen Sohn gebären.» (V. 31a)

✠ Folge des heiligen Evangeliums nach Lukas.

℟. Ehre sei Dir, o Herr.
(Antwort mit Kreuzzeichen)

IN jener Zeit
26b ward der Engel Gabriel von Gott gesandt in eine Stadt in Galiläa mit Namen Nazareth
27 zu einer Jungfrau, die verlobt war mit einem Manne mit Namen Joseph vom Hause Davids, und der Name der Jungfrau war MARIA.
28 Und der Engel trat zu ihr hinein und sprach: «Gegrüßt seist du, voll der Gnade, der Herr ist mit dir. Du bist gebenedeit unter den Frauen.»
29 Da sie dies hörte, erschrak sie über seine Rede und bedachte bei sich, was dies für ein Gruß sei.

31 Ecce concípies in útero † et páries fílium :
et vocábis nomen eius IÉSUM. 32 Hic érit ma-
gnus : et Fílius Altíssimi vocábitur. Et dabit
illi Dóminus Deus sedem David patris éius †
et regnábit in domo Iacob in ætérnum : 33 et
regni eius non erit finis». 34 Dixit autem MA-
RÍA ad Angelum. «¿Quómodo fiet istud, quó-
niam virum non cognósco?» 35 Et respóndens
Angelus : dixit ei. «Spíritus Sanctus super-
véniet in te : et virtus Altíssimi obumbrábit
tibi. Ideóque et, quod nascétur ex te Sanc-
tum : vocábitur Fílius Dei. 36 Et ecce Elísabeth
cognáta tua : et ipsa concépit fílium in senec-
túte sua. Et hic mensis sextus est illi, quæ vo-
cátur stérilis : 37 quia non erit impossíbile
apud Deum omne verbum». 38a Dixit autem
MÁRÍA. «Ecce ancílla Dómini. Fîat mihi se-
cúndum vêrbum tuum».

Ante offertorium

Versiculus (Ps 101,2)

℣. Dómine, exáudi oratiónem meam!
℟. Et clamor meus ad te véniat.

Monitio ad preces (secreto dicendas)

Orémus.

[Hic breviter postulationes dici possunt ex. gr. pro Ecclesia, mundi regentibus, ob Christum persecutis, feminis prægnantibus, infantibus in utero eorum matrum, et ceteris intentionibus peculiaribus (cfr. 1 Tim 2,1-2)]

30 Und der Engel sprach zu ihr: «Fürchte dich
nicht, MARIA, denn du hast Gnade gefunden
bei Gott. 31 Siehe, du wirst empfangen im
Schoße und einen Sohn gebären, und du
sollst seinen Namen JESUS heißen. 32 Dieser
wird groß sein und der Sohn des Allerhöch-
sten genannt werden; Gott, der Herr, wird
ihm den Thron seines Vaters David geben,
und er wird herrschen über das Haus Jakob
in Ewigkeit, 33 und seines Reiches wird kein
Ende sein.» 34 MARIA aber sprach zu dem En-
gel: «Wie wird dies geschehen, da ich einen
Mann nicht erkenne?» 35 Der Engel antworte-
te und sprach zu ihr: «Der Heilige Geist wird
auf dich herabkommen, und die Kraft des
Allerhöchsten wird dich überschatten; dar-
um wird auch das Heilige, welches aus dir ge-
boren werden soll, Sohn Gottes genannt wer-
den. 36 Und siehe, Elisabeth, deine Verwand-
te, auch sie hat einen Sohn empfangen in ih-
rem Alter, und dies ist der sechste Monat für
sie, die unfruchtbar heißt, 37 denn bei Gott ist
kein Ding unmöglich.» 38a MARIA aber sprach:
«Siehe, ich bin die Magd des Herrn, mir
geschehe nach deinem Worte.»

Vor der Darbringung

Versikel (Psalm 101,2)

℣. Herr, erhöre mein Gebet!

℟. Und lass mein Rufen zu Dir kommen.

Aufforderung zu den (still zu betenden) Fürbitten

Lasset uns beten.

[Hier können kurz Bitten genannt werden, z. B. für die Kirche, die Regierenden der Welt, die um Christi willen Verfolgten, für schwangere Frauen, die Kinder im Mutterschoß und für weitere besondere Anliegen. (vgl. 1 Timotheus 2,1-2)]

Offertorium

Antiphona [t. 8] ([1]Lc 1,28b.[2]42c)
Hic † accipimus veniam.
[1]«A*-ve, MARÍA, grátia plena! † Dóminus tecum, benedícta tu in muliéribus, [2]et benedíctus fructus ventris tui».

Propter
«MISSAM SICCAM»,
ut aiunt, mox sequitur:

[«Sicca» dicitur missa, cum desit sacrificium, quo panis & vini consecratio in Christi Corpus & Sanguinem fit.]

Antiphona ad communionem [t. 1] (Is 7,14b)
«Ecce Virgo * concípiet, et páriet Fílium, et vocábitur nomen eius Emmánuel».

Oratio post communionem

Versiculus (Ps 101,2)
℣. Dómine, exáudi oratiónem meam!
℟. Et clamor meus ad te véniat.
Monitio ad orationem [TO]
Orémus.
Oratio de Christi incarnationis effectibus

GRÁTIAM tuam, Dómine, méntibus nőstris infúnde : ut qui, Angelo nuntiánte, Christi Fílii tui incarnatiónem cognővimus † per passiónem eius et crucem ad resurrectiónis glória̋m perducámur :

Darbringung

Antiphon (¹Lukas 1,28b.²42c)

Hier † nehmen wir Veniam.

¹«Ge*grüßet seist du, MARIA, voll der Gnade, † der Herr ist mit dir. Du bist gebenedeit unter den Frauen, ²und gebenedeit ist die Frucht deines Leibes.»

Wegen der sog.
«TROCKENEN MESSE»
folgt sogleich:

[«Trocken» heißt die Messe, weil der Opferteil mit der Wandlung von Brot & Wein in Christi Leib & Blut fehlt.]

Antiphon zur Kommunion (Isaias/Jesaja 7,14b)

Siehe, die Jungfrau * wird empfangen und einen Sohn gebären, und sein Name wird heißen Emmanuel.

Gebet nach der Kommunion

Versikel (Psalm 101,2)

℣. Herr, erhöre mein Gebet!

℟. Und lass mein Rufen zu Dir kommen.

Aufforderung zur Oration (= Gebet)

Lasset uns beten.

Gebet von den Wirkungen der Fleischwerdung Christi

GIESSE, o Herr, Deine Gnade in unsere Herzen ein; durch die Botschaft des Engels haben wir Christi, Deines Sohnes, Fleischwerdung erkannt; lass uns durch sein Leiden und Kreuz zur Herrlichkeit der Auferstehung gelangen.

Orationis conclusio (cfr. Io 14,13; [1]Ro 15,30; Iu 25)
[1]Per eúndem Dóminum nostrum IESUM Christum' Fílium tŭum ⁊ qui tecum vivit et regnat in unitáte Spíritŭs Sancti, Deus : per ómnia sǽculă sæculórum :

Acclamatio (Dt 27,15c)
℞. Amen.

Versiculus (Ps 101,2)
℣. Dómine, exáudi oratiónem meam!
℞. Et clamor meus ad te véniat.

Versiculus ([1]Idt 7,16b; [2]cfr. 2 Cor 9,15)
℣. [1]Benedicámus Dómino.
℞. [2]Deo grátias.

Sequitur prologus S. Ioannis & cetera, vide supra, p. 190.

OFFICIUM MISSÆ BEATÆ VIRGINIS MARIÆ

Omni tempore dicendum, præterquam in adventu Dñi, post Primam vel Tertiam eiusdem Deiparæ Virginis

EXTRA ADVENTUM DOMINI

Introitus

Antiphona [t. 2] (Sedulii Cælii, † post 450)
Hic † accipimus veniam.

SALVE, * SANCTA PARENS, † eníxa puérpera Regem, qui cælum terrámque regit in sǽcula sæculórum.

Versus psalmi (44,12)
Quia concupívit Rex decórem tuum; quóniam ipse est Dóminus Deus tuus, et adorábunt[+] eum. [[+]illi sc. *ab Eo salvati*]

Schlussformel des Gebets (vgl. Jo 14; [1]Rö 15; Ju 25)

[1]Durch ihn, unseren Herrn JESUS Christus', Deinen Sohn, der mit Dir lebt und regiert in der Einheit des Heiligen Geistes, Gott von Ewigkeit zu Ewigkeit.

Zuruf (Deuteronomium 27,15c)

℟. Amen.

Versikel (Psalm 101,2)

℣. Herr, erhöre mein Gebet!

℟. Und lass mein Rufen zu Dir kommen.

Versikel ([1]Judith 7,16b; [2]vgl. 2 Korinther 9,15)

℣. [1]Lasset uns preisen den Herrn.

℟. [2]Dank sei Gott.

Es folgt der Prolog von St. Johannes und das Weitere, siehe oben, S. 191.

MESS-OFFIZIUM VON DER SELIGEN JUNGFRAU MARIA

Allezeit, außer im Advent des Herrn,
nach der Prim bzw. Terz
von der Gottesgebärerin-Jungfrau zu beten

AUSSERHALB DES ADVENTS DES HERRN

Einzug

Kehrvers (von Sedulius Caelius, † nach 450)

Hier † nehmen wir Veniam.

SEI GEGRÜSST, * HEILIGE MUTTER, † die du geboren den König, der Himmel und Erde regiert in Ewigkeit.

Psalmvers (44,12)

Denn der König verlangt nach deiner Schönheit; Er ist ja der Herr, dein Gott; und sie[+] werden Ihn anbeten. [[+]=*die von Ihm Geretteten*]

Doxologia trinitaria [a dominica passionis usque ad Pascha omittenda]

Glória Patri ...

Repetitur ant., *sed loco veniae † cum inclinatione.*

SALVE, SANCTA PARENS, ...

Kyrie

Invocatio Christi (Mt 20,30b.31b)

Kýrie, eléison! (ter)

Christe, eléison! (ter)

Kýrie, eléison! (ter)

Gloria

Laus Angelorum & Ecclesiæ (a Septuagesima usque ad Pascha exclusive, omittitur, præterquam in sollemnitate, etiam translata, S. Iosephi atque annuntiationis dominicæ seu B. V. M.)

«Patri» ([1]Lc 2,14; [2]cfr. Col 1,12a)

GLÓRIA[1] in excélsis Deo. * Et in terra pax ' homínibus bonæ voluntátis'. Laudámus te. Benedícimus te. *Hic nos inclinamus:* **Adorámus te.** Glorificámus te. [2]Grátias ágimus tibi' / propter glóriam tuam magnam.
[vel more romano:
/ propter magnam glóriam tuam.]
Dómine Deus, Rex cæléstis, Deus Pater omnípotens.

«Et Filio» ([3]Io 1,18.[4]29b; [5]2 Io 3b; [6]Io 1,29c; [7]Act 7,55b; Rom 8,34c; [8]1 Cor 8,6b; [9]cfr. Philp 2,11b)

Dómine [3]Fili Unigénite' IESU Christe. Dómine Deus, [4]Agnus Dei, [5]Fílius Patris. [6]Qui tollis peccáta mundi', miserére nobis! [6]Qui tollis peccáta mundi', *Hic nos inclinamus:* **súscipe deprecatiónem nostram!** [7]Qui sedes ad déxteram Patris', miserére nobis! Quóniam tu solus Sanctus. [8]Tu solus Dóminus'. Tu solus

Lobpreis der Dreifaligkeit [entfällt von Passionssonntag bis Ostern]

Ehre sei dem Vater …

Kehrv. wird wiederholt, *statt Venia* †: *Verneigung*

SEI GEGRÜSST, HEILIGE MUTTER, …

Kyrie (= o Herr!)

Anrufung Christi (Matthäus 20,30b.31b)

Herr, erbarme Dich! (dreimal)
Christus, erbarme Dich! (dreimal)
Herr, erbarme Dich! (dreimal)

Gloria (= Ehre)

Das Lob der Engel & der Kirche (ab der Vorfastenzeit bis Ostern ausschließlich entfällt es, außer am Hochfest, auch dem verlegten, des Hl. Joseph und der Verkündigung des Herrn bzw. der Seligen Jungfrau MARIA)

«Dem Vater» ([1]Lukas 2,14; [2]vgl. Kolosser 1,12a)

EHRE[1] sei Gott in der Höhe. * Und auf Erden Friede den Menschen guten Willens'. Wir loben Dich. Wir preisen Dich. *Hier verneigen wir uns:* **Wir beten Dich an.** Wir verherrlichen Dich. [2]Wir sagen Dir Dank' wegen Deiner großen Herrlichkeit.

Herr-Gott, himmlischer König, Gott, allmächtiger Vater.

«Und dem Sohn» ([3]Joh 1,18.[4]29b; [5]2 Joh 3b; [6]Joh 1,29c; [7]Apg 7,55b; Röm 8,34c; [8]1 Kor 8,6b; [9]vgl. Phil 2,11b)

Herr, [3]eingeborener Sohn', JESUS Christus. Herr-Gott, [4]Lamm Gottes, [5]Sohn des Vaters. [6]Du tilgst die Sünden der Welt', erbarme Dich unser! [6]Du tilgst die Sünden der Welt', *Hier verneigen wir uns:* **nimm unser Flehen gnädig auf!** [7]Du sitzest zur Rechten des Vaters', erbarme Dich unser! Denn Du allein

Altíssimus, [9]IESU Christe.

«Cum Spiritu Sancto» ([10]ib. 11c; [11]2 Cor 13,13b)
Cum Sancto Spíritu [10]in glória Dei Patris. [11]Amen.

Collecta

Versiculus (Ps 101,2)

℣. Dómine, exáudi oratiónem meam!

℟. Et clamor meus ad te véniat.

Monitio ad orationem [TO]

Orémus.

Oratio de Virginis intercessione

CONCÉDE nos fámulos tuos, quǽsumus, Dómine Deus, perpétua mentis et córporis prosperitáte gaudére : et gloriósa beátæ MARÍÆ semper Vírginis intercessióne, a præsénti liberári tristítia ⁊ et ætérna pérfrui lætítia : Per Dóminum nostrum IESUM Christum Fílium túum ⁊ qui tecum vivit et regnat in unitáte Spíritús Sancti, Deus : per ómnia sǽcula sæculórum :

Acclamatio (Dt 27,15c)

℟. Amen.

Verbum Dei

Lectio [TEp] (Eccli 24,14-16)

Et radicavi in populo honorificato. (v. 16a)

Léctio libri Ecclésiástici.

AB inítio et ante sǽcula creáta sum : et usque ad futúrum sǽculúm non désinam : et in habitatióne sancta coram ipso ministrávi.
[15]Et sic in Sion firmáta sum, et in civitáte sanctificáta simíliter réquiévi : et in Ierúsalem potéstas mea.
[16]Et radicávi in pópulo ho-

bist der Heilige. [8]Du allein der Herr'. Du allein der Höchste, [9]JESUS Christus.

«Mit dem Hl. Geist» ([10]ebd. 11c; [11]2 Kor 13,13b)

Mit dem Heiligen Geiste [10]in der Herrlichkeit Gottes des Vaters. [11]Amen.

Sammel-Gebet

Versikel (Psalm 101,2)

℣. Herr, erhöre mein Gebet!

℟. Und lass mein Rufen zu Dir kommen.

Aufforderung zur Oration (= Gebet)

Lasset uns beten.

Gebet von der Fürsprache der Jungfrau

VERLEIHE uns, Deinen Dienern, so bitten wir, o Herr-Gott, dass wir uns beständigen Glückes der Seele und des Leibes erfreuen und auf die glorreiche Fürsprache der Seligen, immerwährenden Jungfrau MARIA von der gegenwärtigen Trübsal befreit werden und die ewige Freude genießen. Durch unseren Herrn JESUS Christus, Deinen Sohn, der mit Dir lebt und regiert in der Einheit des Heiligen Geistes, Gott von Ewigkeit zu Ewigkeit.

Zuruf (Deuteronomium 27,15c)

℟. Amen.

Wort Gottes

Lesung (Ekklesiastikus/Jesus Sirach 24,14-16)

Und ich schlug Wurzel bei einem hochgeehrten Volk. (16a)

Lesung aus dem Buch des Ekklesiastikus.

VON Anbeginn und vor aller Zeit bin ich erschaffen und werde nicht aufhören bis in Ewigkeit; und in der heiligen Wohnung diente ich vor ihm. [15]So ward ich auf Sion fest eingesetzt und ruhte ebenso in der heiligen Stadt; und in Jerusalem war meine Herr-

norificáto † et in parte Dei mei herëditas illíus : et in plenitúdinê sanctórum detêntio mea.

Responsorium [t. 4] (Sedulii)

℟. Benedícta * et venerábilis es, Virgo MARÍA, quæ sine tactu pudóris invénta es Mater Salvatóris.

℣. Virgo, Dei Génetrix, quem totus non capit orbis, in tua se clausit víscera factus homo.

Alleluia [t. 2] (Sedulii)

Allelúia. * ℣. Post partum Virgo invioláta permansísti; Dei Génetrix, intercéde pro nobis! Allelúia.

A Septuagesima usque ad Pascha loco Allelúia dicitur:

Tractus [t. 2]

([1]Lc 1,28b.[2]42b.[3]31a; [4]Is 7,14c; [5]Lc 1,34b-35)

[1]«Ave, * MARÍA, grátia plena! Dóminus tecum.

℣. Benedícta tu in muliéribus, [2]et benedíctus fructus ventris tui».

℣. [3]«Ecce concípies, et páries Fílium, [4]et vocábitur nomen eius Emmánuel».

℣. [5]«Quómodo», inquit, «fiet istud, quóniam virum non cognósco?» Et respóndens Angelus dixit ei.

℣. «Spíritus Sanctus supervéniet in te, et virtus Altíssimi obumbrábit tibi.

℣. Ideóque et, quod nascétur ex te Sanctum, vocábitur { Fílius Dei».

schaft. [16]Und ich schlug Wurzel bei einem hochgeehrten Volk; und im Anteil meines Gottes ist dessen Erbe; und in der Schar der Heiligen ist mein Aufenthalt.

Antwortgesang (von Sedulius)

℟. Gesegnet * und ehrwürdig bist du, Jungfrau MARIA, die du ohne Verletzung der Keuschheit wardst Mutter des Heilands.

℣. O Jungfrau, Gottesgebärerin: Den der ganze Erdkreis nicht fasst, Er barg sich, Mensch geworden, in deinem Schoß.

Alleluja (von Sedulius)

Alleluja. * ℣. Nach der Geburt bist du unversehrte Jungfrau geblieben; Gottesgebärerin, tritt für uns ein! Alleluja.

Ab der Vorfastenzeit bis Ostern betet man statt Alleluja:

Trakt (= “Ausdehnung” sc. von Schriftstellen)
(Lk 1,28b.42bc.31a; Is/Jes 7,14c; Lk 1,34b-35)

«Gegrüßet seist du, MARIA, voll der Gnade, der Herr ist mit dir.

℣. Gebenedeit bist du unter den Frauen, und gebenedeit ist die Frucht deines Leibes.»

℣. «Siehe, du wirst empfangen und einen Sohn gebären, und sein Name wird heißen Emmanuel.»

℣. Sie sprach: «Wie wird geschehen dies, da ich einen Mann nicht erkenne?» Und der Engel antwortete ihr und sprach.

℣. «Der Heilige Geist wird auf dich herabkommen, und die Kraft des Allerhöchsten wird dich überschatten.

℣. Darum wird auch das Heilige, das aus dir geboren wird, Sohn Gottes genannt werden.»

A Paschate usque ad sabbatum in octava Pentecostes, omisso ℟. Benedícta, dicuntur duo Allelúia.

Primum Allelúia. ℣. Post partum ..., ut supra, p. 214.

Secundum Allelúia usque ad ascensionem Domini [t. 1] (Mt 28,6b.9a)

Allelúia. * ℣. Surréxit Dóminus, et occúrrens muliéribus ait: «Avéte!» tunc accessérunt, et tenuérunt pedes eius. Allelúia.

Secundum Allelúia ab ascensione usque ad Pentecosten [t. 1] ([1]cfr. Io 14,18; [2]16,17c.[3]22b)

Allelúia. * ℣. [1]«Non vos relínquam órphanos; [2]vado', et [1]vénio ad vos, [3]et gaudébit cor vestrum». Allelúia.

Secundum Allelúia infra octavam Pentecostes [t. 2] ([1]cfr. Apc 22,17a; [2]Rom 5,5b; [3]Act 2,3a; Lc 12,49)

Hic † accipimus veniam.

Allelúia. * ℣. [1]«Veni, Sancte Spíritus'! † reple tuórum [2]corda' fidélium! et tui [2]amóris' in eis [3]ignem accénde!» Allelúia.

Ante evangelium

Diaconus v. sacerdos dicit (solus non respondet): ([1]Rt 2,4b; 2 Par 15,2c; [2]2 Tim 4,22b)

D. [1]Dóminus vobíscum.

℟. [2]Et cum spíritu tuo.

Alii dicunt: (Ps 101,2)

℣. Dómine, exáudi oratiónem meam!

℟. Et clamor meus ad te véniat.

Von Ostern bis zum Samstag in der Pfingstoktav, werden, nach Auslassung von ℟. Gesegnet, zwei Alleluja gebetet.

Das erste Alleluja. ℣. Nach der Geburt ..., wie oben, S. 215.

Das zweite Alleluja bis zur Himmelfahrt des Herren (Matthäus 28,6b.9a)

Alleluja. * ℣. Erstanden ist der Herr; und den Frauen begegnend sprach Er: «Seid gegrüßt!» da traten sie hinzu und umfassten seine Füße. Alleluja.

Das zweite Alleluja von Himmelfahrt bis Pfingsten (vgl. Johannes 14,18;16,17c.22b)

Allelúja. * ℣. «Nicht werde ich euch als Waisen zurücklassen; ich gehe hin und komme zu euch, und euer Herz wird sich freuen.» Allelúja.

Das zweite Alleluja innerhalb der Oktav von Pfingsten ([1]vgl. Offb 22,17a; [2]Röm 5,5b; *Hier † nehmen wir Veniam.* [3]Apg 2,3a; Lk 12,49)

Alleluja. * ℣. [1]Komm, Heiliger Geist'! † erfülle [2]die Herzen' Deiner Gläubigen und [3]entzünde' in ihnen 'das Feuer' Deiner [2]Liebe! Alleluja.

Vor dem Evangelium

Diakon oder Priester sagen (als einzelner antwortet man nicht): ([1]Ruth 2,4b; 2 Chronik 15,2c; [2]2 Timotheus 4,22b)

D. [1]Der Herr (sei) mit euch.

℟. [2]Und mit deinem Geiste.

Die anderen sagen: (Psalm 101,2)

℣. Herr, erhöre mein Gebet!

℟. Und lass mein Rufen zu Dir kommen.

Evangelium [TEv] (Lc 11,27b-28)

«Beatus venter, qui te portavit». (v. 27c)

✠ Sequéntia sancti Evangélii : secúndum Lucam.

℟. Glória tibi, Dómine. (Resp., signat se cruce)

IN illo témpore : 27b Extóllens vocem quædam múlier de turba : dixit IÉSU. «Beátus venter, qui te portávit : et úbera, quæ suxísti». 28 At ille dixit. =«Quinímmo : beáti, qui áudiunt vêrbum Dei, et custôdiunt illud».

Ante offertorium

Versiculus (Ps 101,2)

℣. Dómine, exáudi oratiónem meam!

℟. Et clamor meus ad te véniat.

Monitio ad preces (secreto dicendas)

Orémus.

[Hic breviter postulationes dici possunt ex. gr. pro Ecclesia, mundi regentibus, ob Christum persecutis, cleri sanctificatione, patribus familias & matribus familias, pueris & feminis in servitutem redactis, et ceteris intentionibus peculiaribus. (cfr. 1 Tim 2,1-2)]

Offertorium

Antiphona [t. 8] ([1]Lc 1,28b.[2]42c)

Hic † accipimus veniam.

[1]«A*-ve, MARÍA, grátia plena! † Dóminus tecum, benedícta tu in muliéribus, [2]et benedíctus fructus ventris tui».

Propter «MISSAM SICCAM», ut aiunt, mox antiphona ad communionem sequitur.

[«Sicca» dicitur missa, cum desit sacrificium, quo panis & vini consecratio in Christi Corpus & Sanguinem fit.]

Evangelium (Lukas 11,27b-28)

«Selig der Schoß, der Dich getragen.» (V. 27c)

✠ Folge des heiligen Evangeliums nach Lukas.

℟. Ehre sei Dir, o Herr. (Antw. mit Kreuzzeich.)

IN jener Zeit : 27b Erhob eine Frau aus der Menge ihre Stimme und sagte zu JESUS: «Selig der Schoß, der Dich getragen, und die Brüste, die Du gesogen.» 28 Er aber sprach: «Ja, selig, die das Wort Gottes hören und es bewahren.»

Vor der Darbringung

Versikel (Psalm 101,2)

℣. Herr, erhöre mein Gebet!

℟. Und lass mein Rufen zu Dir kommen.

Aufforderung zu den (still zu betenden) Fürbitten

Lasset uns beten.

[Hier können kurz Bitten genannt werden, z. B. für die Kirche, die Regierenden der Welt, die um Christi willen Verfolgten, für die Heiligung des Klerus, für die Familienväter & -mütter, für versklavte Kinder & Frauen und weitere besondere Anliegen. (vgl. 1 Timotheus 2,1-2)]

Darbringung

Antiphon ([1]Lukas 1,28b.[2]42c)

Hier † nehmen wir Veniam.

[1]«Ge*grüßet seist du, MARIA, voll der Gnade, † der Herr ist mit dir. Du bist gebenedeit unter den Frauen, [2]und gebenedeit ist die Frucht deines Leibes.»

Wegen der sog.
«TROCKENEN MESSE»
folgt sogleich die Antiphon zur Kommunion.

[«Trocken» heißt die Messe, weil der Opferteil mit der Wandlung von Brot & Wein in Christi Leib & Blut fehlt.]

Antiphona ad communionem [t. 1]
(cfr. Lc 11,27c)

Beáta víscera * MARÍÆ Vírginis, quæ portavérunt ætérni Patris Fílium.

Oratio post communionem

Versiculus (Ps 101,2)

℣. Dómine, exáudi oratiónem meam!

℟. Et clamor meus ad te véniat.

Monitio ad orationem [TO]

Orémus.

Oratio de Christi incarnationis effectibus

GRÁTIAM tuam, Dómine, méntibus nőstris infúnde : ut qui, Angelo nuntiánte, Christi Fílii tui incarnatiónem cognővimus ⁊ per passiónem eius et crucem ad resurrectiónis glóriam perducámur :

Orationis conclusio (cfr. Io 14,13a; [1]Rom 15,30b; Ids 25b)

[1]Per eúndem Dóminum nostrum IESUM Christum' Fílium tűum ⁊ qui tecum vivit et regnat in unitáte Spíritűs Sancti, Deus : per ómnia sǽculă sæculórum :

Acclamatio (Dt 27,15c)

℟. Amen.

Versiculus (Ps 101,2)

℣. Dómine, exáudi oratiónem meam!

℟. Et clamor meus ad te véniat.

Versiculus ([1]Idt 7,16b; [2]cfr. 2 Cor 9,15)

℣. [1]Benedicámus Dómino.

℟. [2]Deo grátias.

Sequitur prologus S. Ioannis & cetera, vide supra, p. 190.

Antiphon zur Kommunion
(vgl. Lukas 11,27c)

Selig der Schoß * der Jungfrau MARIA, der getragen den Sohn des ewigen Vaters.

Gebet nach der Kommunion

Versikel (Psalm 101,2)

℣. Herr, erhöre mein Gebet!

℟. Und lass mein Rufen zu Dir kommen.

Aufforderung zur Oration (= Gebet)

Lasset uns beten.

Gebet von den Wirkungen der Fleischwerdung Christi

GIESSE, o Herr, Deine Gnade in unsere Herzen ein; durch die Botschaft des Engels haben wir Christi, Deines Sohnes, Fleischwerdung erkannt; lass uns durch sein Leiden und Kreuz zur Herrlichkeit der Auferstehung gelangen.

Schlussformel des Gebets (vgl. Johannes 14,13a; [1]Römer 15,30b; Judas 25b)

Durch ihn, unseren Herrn JESUS Christus, Deinen Sohn, der mit Dir lebt und regiert in der Einheit des Heiligen Geistes, Gott von Ewigkeit zu Ewigkeit.

Zuruf (Deuteronomium 27,15c)

℟. Amen.

Versikel (Psalm 101,2)

℣. Herr, erhöre mein Gebet!

℟. Und lass mein Rufen zu Dir kommen.

Versikel ([1]Judith 7,16b; [2]vgl. 2 Korinther 9,15)

℣. [1]Lasset uns preisen den Herrn.

℟. [2]Dank sei Gott.

Es folgt der Prolog von St. Johannes und das Weitere, siehe oben, S. 191.

MARIANUM OFFICIUM FORMA BREVIORE

Sicut in editionibus de «Soli Deo»

[iuxta Diurnale cartusiense annis MCMLXXIX & MMVIII ad experimentum editum]

Ad omnes horas versiculus Dómine, exáudi ... (vel: Dóminus vobíscum) ante orationes omittitur.

AD MATUTINAS, ut supra p. 26, versus tamen initialis unus tantum dicitur, i. e.: Dómine, lábia mea ... Ad lectiones vero mox post orationem in silentio sequitur lectio prima Missus est ...

Post versiculo finali Adiuvábit eam ... sequitur oratio (sine Orémus) [TL]

GRÁTIAM tuam, quǽsumus, Dómine, méntibus nostris infúnde ⁊ ut qui Angelo nuntiánte, Christi Fílii tui incarnatiónem cognóvimus : beáta MARÍA Vírgine intercedénte, per passiónem eius et crucem, ad resurrectiónis glóriam pérducámur. Per (eúndem) Dóminum ...

cum versiculis & signo crucis.

AD LAUDES, sicut supra p. 68, hymnus tamen Vere grátia plena ..., p. 84, dicitur initio post Allelúia vel Laus tibi ... Post versiculos, qui orationem (sine versiculo antea dicendo) Deus, qui salútis ..., ut supra p. 88, sequuntur, mox versiculus Animæ ómnium fidélium ..., ut supra p. 100, cum antiphona mariana dicitur, quam signum crucis sequitur. Potest vero dici officium Missæ de Beata, p. 198 vel p. 208, post Laudes vel Primam, quod tum post utrumque versiculum orationis, de qua supra, insertur.

DAS MARIANISCHE OFFIZIUM IN VERKÜRZTER FORM

Identisch mit der Form in «Gott allein»

[nach dem Kartäuser-Diurnalbuch, herausgegeben in den Jahren 1979 & 2008 «ad experimentum» (d. h. probeweise)]

Zu allen Stunden unterbleibt der Versikel Herr, erhöre ... [bzw.: Der Herr (sei) mit euch] vor den Orationen (= Gebeten).

ZU DEN METTEN, wie oben S. 27, wird jedoch nur der erste Eröffnungsvers gesagt, d. h..: Herr, öffne ... Bei den Lesungen aber folgt gleich nach dem Gebet in Stille die erste Lesung Gesandt ward ...

Nach dem Schluss-Versikel Gott will ihr ... folgt die Oration (= Gebet) – (ohne Lasset uns beten)

GIESSE, so bitten wir, o Herr, Deine Gnade in unsere Herzen ein; durch die Botschaft des Engels haben wir Christi, Deines Sohnes, Fleischwerdung erkannt; lass uns auf die Fürbitte der Seligen Jungfrau MARIA durch sein Leiden und Kreuz zur Herrlichkeit der Auferstehung gelangen. Durch (ihn), unseren Herrn ...

mit den Versikeln & dem Kreuzzeichen.

ZU DEN LAUDES, wie oben S. 69, jedoch wird der Hymnus Du bist in Wahrheit gnadenvoll ..., S. 85, am Anfang nach dem Alleluja bzw. Lob sei Dir ... gebetet. Nach den Versikeln, die auf die Oration (= Gebet) folgen (ohne den Versikel davor zu beten): O Gott, durch die fruchtbare Jungfrauschaft ..., wie oben S. 89, wird sogleich der Versikel Die Seelen aller verstorbenen Gläubigen ..., wie oben S. 101, mit der marian. Antiphon gebetet, worauf das Kreuzzeichen folgt. Es kann aber das Offizium der Messe von der Seligen

AD HORAS MINORES omnia ut supra, p. 104, propriæ vero habentur antiphonæ, divisiones psalmi 118 (N. B. Glória Patri ... post singulas strophas!), capitula (præterquam Primæ) & ad Primam propriam quoque orationem.

Post capitulum responsorium parvum omittitur.

AD PRIMAM

Sola antiphona [t. 8-1] (Ct 2,10b.11-12a)

10b Surge! própera, * amíca mea! et veni! 11 iam
enim hiems tránsiit, imber ábiit, et recéssit;
12a flores apparuérunt in terra.

Psalmodia brevior ad Primam

— dominica & feriis II, IV, VI Ps 53 & Ps 118 strophæ I & II, p. 108.

— feriis III, V & sabbato Ps 53, p. 108, Ps 118 strophæ XII & XIII, p. 124.

Capitulum & versiculum Benedícta tu ..., ut supra p. 150/152.

Oratio ad Primam [TL]

ORIÁTUR et crescat in córdibus nostris, Dómine, sol iustítiæ Christus : cuius Mater mundo spes fuit et auróra salútis. Per (eúndem) Dóminum nostrum ...

Potest vero dici officium Missæ de Beata, p. 198 vel p. 208 post utrumque versiculum, qui orationem istam sequitur.

Jungfrau, S. 199 bzw. S. 208, nach den Laudes oder der Prim, was dann nach den beiden Versikeln nach dem oben erwähnten Gebet geschieht, eingefügt werden.

ZU DEN KLEINEN STUNDEN ist alles wie oben, S. 105, es gibt jedoch eigene Antiphonen, eigene Aufteilung des Psalms 118 (NB mit Ehre sei dem Vater ... nach den einzelnen Strophen!), eigene Kapitel (außer zur Prim) und zur Prim auch eine eigene Oration (= Gebet).

Nach dem Kapitel entfällt der kleine Antwortgesang.

ZUR PRIM

Einzige Antiphon (Hoheslied 2,10b.11-12a)

Steh auf, eile, * meine Freundin, und komm! denn schon ist der Winter vorüber, der Regen hat aufgehört und ist vergangen; die Blumen sind erschienen im Lande.

Der kürzere Psalmengesang zur Prim

— am Sonntag, Montag, Mittwoch & Freitag: Psalm 53, S. 95, Strophen I & II von Psalm 118, S. 109.

— am Dienstag, Donnerstag & Samstag Psalm 53, S. 109, Strophen XII & XIII von Psalm 118, S. 125.

Kapitel & Versikel Du bist gebenedeit ..., wie oben S. 151/153.

Oration (= Gebet) zur Prim

AUFGEHEN und wachsen möge in unseren Herzen, o Herr, die Sonne der Gerechtigkeit, Christus, dessen Mutter für die Welt Hoffnung und Morgenröte des Heiles war. Durch (ihn), unseren Herrn ...

Es kann auch das Offizium der Messe von der Seligen Jungfrau, S. 199 bzw. S. 209, gebetet werden nach den beiden Versikeln, die auf das obige Gebet folgen.

AD TERTIAM

Sola antiphona [t. 8-1] (Lc 1,35b)

«Spíritus Sanctus * supervéniet in te, et virtus Altíssimi obumbrábit tibi».

Psalmodia brevior ad Tertiam

— dominica die Ps 119, 120, 121, p. 138.

— feriis II, IV, VI Ps 118 strophæ III, IV, V, p. 112.

— feriis III, V & sabbato Ps 118 strophæ XIV, XV, XVI, p. 126.

Capitulum [TL] (Gal 4,4-5)

AT ubi venit plenitúdo témporis, misit Deus Fílium sűum ⁊ factum ex mulíere, fắctum sub lege : ut eos, qui sub lege erant, redímeret, ut adoptiónem fíliórum recípe-rémus.

Versiculus Diffúsa est ..., ut supra p. 152.

AD SEXTAM

Sola antiphona [t. 8-1] (Lc 2,19)

MARÍA autem * conservábat ómnia verba hæc cónferens in corde suo.

Psalmodia brevior ad Sextam

— dominica die Ps 122, 123, 124, p. 142.

— feriis II, IV, VI Ps 118 strophæ VI, VII, VIII, p. 116.

— feriis III, V & sabbato Ps 118 strophæ XVII, XVIII, XIX, p. 130.

Capitulum [TL] (Act 1,14)

OMNES erant perseverántes unanímiter in őratióne : cum muliéribus et MARÍA matre IÉSU.

Versiculus Spécie tua ..., ut supra p. 154.

ZUR TERZ

Einzige Antiphon (Lukas 1,35b)

«Der Heilige Geist * wird über dich kommen, und die Kraft des Allerhöchsten wird dich überschatten.»

Der kürzere Psalmengesang zur Terz

— am Sonntag: die Psalmen 119, 120, 121, S. 139.

— am Montag, Mittwoch & Freitag: die 3., 4. & 5. Strophe von Psalm 118, S. 113.

— am Dienstag, Donnerstag & Samstag: die 14., 15. & 16. Strophe von Psalm 118, S. 127.

Kapitel [= Abschnitt (einer Kurzles.)] (Gal 4,4-5)

ALS aber die Fülle der Zeit kam, sandte Gott seinen Sohn, gebildet aus einer Frau, gebildet unter dem Gesetz, damit er die, welche unter dem Gesetze standen, erlöste, damit wir die Annahme zu Söhnen empfingen.

Versikel Ausgegossen ist ..., wie oben S. 153.

ZUR SEXT

Einzige Antiphon (Lukas 2,19)

MARÍA aber * bewahrte alle diese Worte und überlegte sie in ihrem Herzen.

Der kürzere Psalmengesang zur Sext

— am Sonntag: die Psalmen 122, 123, 124, S. 143.

— am Montag, Mittwoch & Freitag: die 6., 7. & 8. Strophe von Psalm 118, S. 117.

— am Dienstag, Donnerstag & Samstag: die 17., 18. & 19. Strophe von Psalm 118, S. 131.

Kapitel [= Abschnitt (einer Kurzlsg.)] (Apg. 1,14)

ALLE verharrten einmütig im Gebet, zusammen mit den Frauen und MARIA, der Mutter JESU.

Versikel In deiner Anmut ..., wie oben S. 155.

AD NONAM

Sola antiphona [t. 3-4] (Io 19,26b-27a)

IESUS dicit * matri suæ: «Múlier, ecce fílius tuus»; deínde dicit discípulo: «Ecce mater tua».

Psalmodia brevior ad Nonam

— dominica die Ps 125, 126, 127, p. 146.

— feriis II, IV, VI Ps 118 strophæ IX, X, XI, p. 118.

— feriis III, V & sabbato Ps 118 strophæ XX, XXI, XXII, p. 134.

Capitulum [TL] (Apc 12,2)

MÚLIER in útero ha̋bens ⁊ cla̋mat partúriens : et cruciabátűr, ut páriat.

Versiculus Adducéntur Regi ..., ut supra p. 154.

AD VESPERAS, sicut supra p. 144, hymnus vero Ave, maris stella ..., p. 152, dicitur initio post Allelúia vel Laus tibi .... Post versiculos, qui orationem (sine versiculo antea dicendo) Deus, qui salútis ... sequuntur, versiculus Animæ ómnium fidélium ..., ut supra p. 158, cum antiphona mariana dicitur, quam signum crucis sequitur.

AD COMPLETORIUM, ut supra p. 178, versus tamen initialis unus tantum dicitur, i. e.: Convérte nos ...; hymnus vero Meménto ..., p. 106, dicitur initio post Allelúia vel Laus tibi ....

Sola antiphona [t. 1-8] (Gn 3,14a.15a.c)

14a Ait * Dóminus Deus ad serpéntem: 15a «Inimicítias ponam inter te et mulíerem; 15c ipsa cónteret caput tuum», allelúia. (In Septuagesima vel Quadragesima omittitur Allelúia.)

ZUR NON

Einzige Antiphon (Johannes 19,26b-27a)

JESUS sprach * zu seiner Mutter: «Frau, siehe da, dein Sohn!»; hierauf sprach er zu dem Jünger: «Siehe da, deine Mutter!»

Der kürzere Psalmengesang zur Non

— am Sonntag: die Psalmen 125, 126, 127, S. 147.

— am Montag, Mittwoch & Freitag: die 9., 10. & 11. Strophe von Psalm 118, S. 119.

— am Dienstag, Donnerstag & Samstag: die 20., 21. & 22. Strophe von Psalm 118, S. 135.

Kapitel [= Abschnitt (einer Kurzlsg.)] (Apk 12,2)

DIE Frau war gesegneten Leibes, rief in Geburtswehen und hatte große Pein, um zu gebären.

Versikel Jungfrauen führt man ..., wie oben S. 155.

ZU DEN VESPERN, wie oben S. 163, jedoch wird der Hymnus Meerstern ich dich grüße ..., S. 173, am Anfang nach dem Alleluja bzw. Lob sei Dir .... gebetet. Nach den Versikeln, die auf die Oration (= das Gebet) folgen (ohne den Versikel davor zu beten): O Gott, durch die fruchtbare Jungfrauschaft ..., wird der Versikel Die Seelen aller verstorbenen Gläubigen ..., wie oben S. 159, mit der marianischen Antiphon gebetet, worauf das Kreuzzeichen folgt.

ZUR KOMPLET, wie oben S. 179, wird jedoch nur der erste Eröffnungsvers gesagt, d. h.: Bekehre uns ...; der Hymnus Sei eingedenk ..., S. 107, aber wird am Anfang nach dem Alleluja bzw. Lob sei Dir ... gebetet.

Antiphon (Genesis 3,14a.15a.c)

Es sprach * der Herr-Gott zu der Schlange: «Feindschaft will ich setzen zwischen dir und der Frau; sie wird deinen Kopf zertreten», alleluja. (In der Vorfasten- bzw. Fastenzeit unter-

Psalmodia ut supra, p. 180.

Capitulum [TL] (Apc 12,1)

SIGNUM magnum appáruit in cǽlo † Múlier amícta sole, et luna sub pédibus eius : et in cápite eius coróna stellárum duódecim.

Antiphona ad canticum evangelicum [t. 7^{-1}]
(Ps 44,10b)

Astitit * regína a dextris tuis in vestítu deauráto, circúmdata varietáte.

Post versiculos, qui orationem Famulórum ... , ut supra p. 186, sequuntur, mox versiculus Animæ ómnium fidélium ..., ut supra p. 194, cum antiphona mariana dicitur, quam signum crucis sequitur.

Ex devotione, statim post conclusionem (tunc brevem) orationis Famulórum ..., addi potest, quæ supra, p. 186, i. e. Sancta MARÍA, ... et cetera.

bleibt das Alleluja.)

Psalmengesang wie oben, S. 181.

Kapitel [= Abschnitt (einer Kurzles.)] (Apok 12,1)

EIN großes Zeichen erschien am Himmel: eine Frau, mit der Sonne bekleidet, und der Mond unter ihren Füßen und auf ihrem Haupt eine Krone von zwölf Sternen.

Antiphon zum Gesang aus dem Evangelium (Psalm 44,10b)

Es steht * die Königin zu Deiner Rechten in golddurchwirktem Gewand, umhüllt mit bunten Kleidern.

Nach den Versikeln, die auf die Oration (= das Gebet) O Herr verzeihe ..., wie oben S. 187, folgen, wird sofort der Versikel Die Seelen aller verstorbenen ..., wie oben S. 195, mit der marianischen Antiphon gebetet, worauf das Kreuzzeichen folgt.

Aus Andacht kann gleich nach der Schlussformel (dann der kurzen) der Oration (= des Gebetes) O Herr verzeihe ..., angefügt werden, was oben, S. 187, steht, d. h. Heilige MARIA, ... und das Folgende.

Übersetzung der Worte auf dem Wappen links:

ZU IHM
DURCH SIE

HERRSCHE ÜBER UNS, DU UND DER SOHN!

Es steht das Kreuz, während sich dreht die Welt

(Wappenmotto – Wahlspruch des Kartäuserordens)

ORATIONES EX DEVOTIONE

ANTE OFFICIUM PRIVATUM

Antiphona [t. 2]
([1]cfr. Apc 22,17a; [2]Rom 5,5b; [3]Act 2,3a; Lc 12,49)

Hic † accipimus veniam.

VENI,[1] * Sancte Spíritus'! † reple tuórum [2]corda' fidélium! et tui [2]amóris' in eis [3]ignem accénde!

Versiculus [TL] (cfr. Ps 103,30)

℣. Emítte Spíritum tuum, et creabűntur ⁊

℟. Et renovábis fáciem te̋rræ ⁊

Monitio ad orationem [TL]

Ore̋mus ⁊

Oratio de Spiritu Sancto

DEUS, qui corda fidélium Sancti Spíritus illustratióne docűisti ⁊ da nobis in eódem Spíritű recta sápere : et de eius semper consolatióne̋ gaudére. Per Christum Dóminum nőstrum ⁊

℟. A̋men.

Versiculus [TL] ([1]Idt 7,16b; [2]cfr. 2 Cor 9,15)

℣. [1]Benedicámus Dőmino ⁊

℟. [2]Deo gra̋tias ⁊

GEBETE AUS ANDACHT

VOR DEM PRIVATEN OFFIZIUM

Antiphon

([1]vgl. Offenbarung 22,17a; [2]Römer 5,5b; [3]Apostelgeschichte 2,3a; Lukas 12,49)

Hier † nehmen wir Veniam.

KOMM,[1] Heiliger Geist'! † erfülle [2]die Herzen' Deiner Gläubigen und [3]entzünde' in ihnen 'das Feuer' Deiner [2]Liebe!

Versikel (vgl. Psalm 103,30)

℣. Sende aus Deinen Geist, und sie werden erschaffen.

℟. Und Du wirst das Angesicht der Erde erneuern.

Aufforderung zur Oration (= Gebet)

Lasset uns beten.

Gebet vom Heiligen Geist

O GOTT, der Du die Herzen der Gläubigen durch die Erleuchtung des Heiligen Geistes belehrt hast, lass uns in demselben Geiste das, was recht ist, erkennen und seines Trostes uns allezeit erfreuen. Durch Christus, unsern Herrn.

℟. Amen.

Versikel ([1]Judith 7,16b; [2]vgl. 2 Korinther 9,15)

℣. [1]Lasset uns preisen den Herrn.

℟. [2]Dank sei Gott.

Alia oratio [TL]

O SUMMA et ineffábilis Maiéstas, Trínitas sancta, Deus unus, qui de tua benigníssima grátia ab útero matris meæ usque nunc conserváre † et ad /— *sive pro religiosis:* hanc sacram religiónem, locum et congregatiónem /— *sive pro laicis:* [vitam christiánam] //— me vocáre † et de gratúita bonitáte in hanc usque horam me in ea dirígere et custodíre dignátus es : omni, qua váleo, humilitáte te supplíciter óro † ut Spíritus tui Sancti cooperánte grátia : offícium istud divínum, cui nunc inténdo, ac réliquum vitæ meæ in laudem et glóriam nóminis tui, beatíssimæ Vírginis MARÍÆ et ómnium sanctórum tuórum devótam veneratiónem † et in salútem ánimæ meæ ac ómnium fidélium tuórum perágere váleam : et tandem de tua grátia ætérnæ felicitátis párticeps effíciar. Per Christum Dóminum nóstrum † Ámen.

Ein anderes Gebet

O HÖCHSTE und unaussprechliche Majestät, Heilige Dreifaltigkeit, ein einiger Gott, Du hast durch Deine freigebigste Gnade mich vom Schoße meiner Mutter an bis jetzt zu bewahren und */— entweder für Ordensleute:* zu dieser heiligen Ordensweihe, Stelle und Gesellschaft */— oder für Laien:* [zur christlichen Lebens(weihe)] //— zu berufen und aus ungeschuldeter Güte bis zu dieser Stunde in ihr zu leiten und zu bewahren Dich gewürdigt; mit aller Demut, zu der ich fähig bin, bitte ich Dich flehentlich, dass durch die helfende Gnade Deines Heiligen Geistes ich dieses göttliche Offizium, dem ich mich nun aufmerksam zuwende, und die künftigen (Tage) meines Lebens zum Lobe und zur Ehre Deines Namens, zur frommen Verehrung der Allerseligsten Jungfrau MARIA und aller Deiner Heiligen und zum Heile meiner Seele und aller Deiner Gläubigen zu vollenden vermag, und ich schließlich aufgrund Deiner Gnade der ewigen Glückseligkeit teilhaft werde. Durch Christus, unsern Herrn. Amen.

POST OFFICIUM PRIVATUM [TL]

Psalmus 116

Laus miserentis Domini

8a Dico … 9a gentes autem super misericordia honorare Deum. (Rom 15,8a.9a)

LAUDÁTE Dóminum, omnes gentes! * laudáte eum, omnes pópuli!
2 Quóniam confirmáta est super nos misericórdia eius; * et véritas Dómini manet in ætérnum.
Glória Patri …

SÚSCIPE, clementíssime Deus, précibus et méritis beátæ MARÍÆ semper Vírginis et ómnium sanctórum et sanctárum, offícium servitútis nostræ et si quid dignum laude égimus, propítius réspice : et quod neglegénter actum est, cleménter ignósce. Qui in Trinitáte perfécta vivis et regnas, Deus : per ómnia sǽcula sæculórum

℟. Amen.

ADORÁMUS te, Dómine IESU Christe, et benedícimus tibi, quia per sanctíssimam crucem et mortem tuam redemísti mundum Qui passus et mórtuus es pro nobis, IESU bone, miserére nostri : et bénedic nobis et ómnibus fidélibus tuis vivis et defúnctis

℟. Amen.

℣. Divínum auxílium máneat semper nobíscum

℟. Amen.

NACH DEM PRIVATEN OFFIZIUM

Psalm 116

Lobpreis für den sich erbarmenden Herrn

[8a] Ich sage ..., [9a] dass die Heiden aber Gott preisen um der Barmherzigkeit willen. (Römer 15,8a.9a)

LOBT den Herrn, alle Völker; * lobt ihn, alle Nationen!

Denn erstarkt ist über uns seine Barmherzigkeit, * und die Wahrheit des Herrn bleibt in Ewigkeit.

Ehre sei dem Vater ...

NIMM AN, mildreichster Gott, durch die Bitten und Verdienste der Seligen, immerwährenden Jungfrau MARIA und aller heiligen Männer und heiligen Frauen, das Offizium unserer Unterwürfigkeit; und wenn des Lobes würdig wir etwas vollbracht haben, so blicke es huldvoll an; was aber nachlässig getan wurde, verzeihe nachsichtig. Der Du in vollkommener Dreieinigkeit lebst und regierst, Gott, durch alle Ewigkeit.

℟. Amen.

WIR BETEN Dich an, Herr JESU Christe, und preisen Dich, denn durch Dein heiligstes Kreuz und Deinen Tod hast Du die Welt erlöst. Der Du gelitten hast und für uns gestorben bist, o guter JESU, erbarme Dich unser und segne uns und alle Deine Gläubigen, die lebenden und verstorbenen!

℟. Amen.

℣. Die göttliche Hilfe bleibe allezeit mit uns.

℟. Amen.

Ad gratificandum post officium nocturnum & completorium

Orationem sequentem devote post officium genuflexis recitantibus Leo papa X [regens Ecclesiam inter annos MDXIII & MDXXI] defectus et culpas in eo persolvendo ex humana fragilitate contractas indulsit.

SACROSÁNCTÆ et indivíduæ Trinita̋ti ⁊ crucifíxi Dómini nostri IESU Christi humanita̋ti ⁊ beatíssimæ et gloriosíssimæ sempérque Vírginis MARÍÆ fecúndæ integrita̋ti ⁊ et ómnium sanctórum universitáti sit sempitérna laus, honor, virtus et glória ab omni̋ creatúra : nobísque remíssio ómnium peccatórum per infiníta sǽcula sæculő̋rum ⁊

℟. A̋men.

Versiculus [TL] (cfr. Lc 11,27c)

℣. Beáta víscera MARÍÆ Vírginis, quæ portavérunt ætérni Patris Fi̋lium ⁊

℟. Et beáta úbera, quæ lactavérunt Christum Dő̋minum ⁊

Oratio dominica & salutatio angelica (Mt 6,9b-13; Lc 1,28b.42b)

Pater noster, … & Ave, MARÍA, …

Signum crucis

Zur Aufopferung am Ende des Nachtoffiziums & der Komplet

Denen, die das folgende Gebet nach dem Offizium auf den Knien andächtig verrichten, hat Papst Leo X. [1513-1521] die Fehler und Nachlässigkeiten, welche sie sich bei der Verrichtung von diesem aus menschlicher Gebrechlichkeit zugezogen haben, Nachlass bewilligt.

DER ALLERHEILIGSTEN und ungeteilten Dreifaltigkeit, der Menschheit unseres gekreuzigten Herrn JESU Christi, der fruchtbaren Reinheit der Allerseligsten und glorreichsten, immerwährenden Jungfrau MARIA und der Gesamtheit aller Heiligen sei ewigdauerndes Lob, Ehre, Stärke und Verherrlichung von jedem Geschöpf; uns aber sei Vergebung aller Sünden durch die unendlichen Ewigkeiten.

℟. Amen.

Versikel (vgl. Lukas 11,27c)

℣. Selig der Schoß der Jungfrau MARIA, der getragen den Sohn des ewigen Vaters.

℟. Und selig die Brüste, die Milch gegeben haben Christo, dem Herrn.

Herren-Gebet und Englischer Gruß (Matthäus 6,9b-13; Lukas 1,28b.42b)

Vater unser, … & Gegrüßet seist du, MARIA, …

Kreuzzeichen

O BONITAS –
O GÜTE!

STAT CRVX, DVM VOLVITVR ORBIS –
Es steht das Kreuz, während sich dreht die Welt